HAZ MÁS FÁCIL TU MATRIMONIO

HAZ MÁS FÁCIL TU MATRIMONIO

10 VERDADES para transformar la relación que tienes en la que siempre soñaste

Harville Hendrix
Helen LaKelly Hunt

Ilustrado por Elizabeth Perrachione

AGUILAR

AGUILAR

Haz más fácil tu matrimonio
D. R. © Helen LaKelly Hunt y Harville Hendrix, 2013

Título original: *Making Marriage Simple*.
Publicado en Estados Unidos por Harmony Books.

De esta edición:
D. R. © Santillana Ediciones Generales, S.A. de C.V., 2014.
Av. Río Mixcoac 274, Col. Acacias
México, D.F., 03240

Primera edición: febrero de 2014

ISBN: 978-607-11-3002-0

Ilustraciones: Elizabeth Perrachione

Impreso en México

PRISA EDICIONES

Dedicamos este libro a cinco parejas que inspiran:

Ray y Nancy
Scott y Teresa
Kanya y James
Eric y Jennifer
Dan y Caroline

ÍNDICE

Reconocimientos

Ningún libro se escribe al estar aislado, en especial si se trata de relaciones. Mucha gente maravillosa nos ayudó a simplificar y traducir a situaciones cotidianas los conceptos de este libro. Nos gustaría iniciar agradeciendo a Elizabeth Perrachione, a quien conocemos hace veinticinco años —y con quien no habíamos soñado colaborar en un libro de este tipo—. No sólo nos ayudó con la amena escritura, sino que diseñó lo que consideramos ilustraciones perfectas. Dudamos que alguien en el mundo pueda tener un talento como el suyo. ¡Gracias!

Un profundo agradecimiento también a la casa editorial y, sobre todo, a nuestra editora Sydny Miner, por apoyar nuestra visión para este libro. Y, por supuesto, antes de siquiera entregar el manuscrito, hubo muchos que nos ayudaron al ofrecer su ojo experto. La atención al detalle y el cuidado de Sanam Hoon y Joan Denniston, cuya preocupación por dar un texto de calidad a los lectores fue evidente en sus recomendaciones. Igual que quienes sostienen tazas de agua al lado de quienes corren un maratón, Bernardette Gallegos y Rachel Meltzer vieron muchas versiones iniciales y dieron retroalimentación sabia. Bob Kamm y Jill Fein llegaron justo en los momentos adecuados con sugerencias útiles. También agradecemos a nuestro agente, Doug Abrams, que comparte nuestra pasión por las relaciones románticas sanas y entiende la amplitud y la profundidad de nuestra visión. Las recomendaciones que nos dio cuando estábamos acabando el libro fueron extremadamente útiles. Tenemos mucha suerte de que nos rodee gente tan increíble, personas que apoyan nuestra visión con tanta pasión y compromiso.

También queremos agradecer a la red global de terapeutas Imago, por su labor para ayudar a parejas de todo el mundo. Y, por último (¡pero no menos importante!), sentimos profunda gratitud por cada pareja que es lo suficientemente honesta para confesar que su relación podría ser mejor, y que está comprometida a hacer lo que se requiera para construir la relación de sus sueños. Y eso es lo que le ofrecemos a cada uno de ustedes.

Felicidades, ¡usted es parte de algo realmente grande!

Usted compró este libro para mejorar su matrimonio. Tenga la certeza de que definitivamente lo ayudará a hacerlo. Aquí hemos destilado los conceptos clave de nuestro libro original, *Conseguir el amor de su vida: una guía práctica para parejas*, y agregamos los conocimientos más importantes sobre relaciones que hemos descubierto desde entonces. Nuestra meta es compartir lo que hemos aprendido, a través de capítulos cortos y claros. La información y los procesos descritos lo pueden llevar del conflicto a la conexión, para acercarlo al *amor real* y *duradero*.

¡Y hay más! En las siguientes páginas, aprenderá a crear un *nuevo tipo de matrimonio*. Lo invitamos a participar en lo que concebimos como la revolución de las relaciones románticas. Este corto paseo a través de la historia del matrimonio nos ayudará a explicarlo.

MATRIMONIO: UNA INSTITUCIÓN EN CONSTANTE EVOLUCIÓN

El amor es tan antiguo como la humanidad. La institución del matrimonio, sin embargo, es mucho más reciente. Incluso es más reciente que el matrimonio tuviera algo que ver con el amor. Para echar una mirada a cómo ha evolucionado el matrimonio, dividiremos esta compleja historia en tres secciones distintas:

1. En la prehistoria, nuestros antepasados cazadores y recolectores formaron "parejas" (que básicamente significa que "eran novios") para compartir comida y albergue. ¡Estar en pareja reducía el riesgo de ser atacados por un tigre dientes de sable o morir de hambre cuando escaseaba la comida! La formación de parejas exitosas, literalmente, significaba sobrevivir.

2. Hace unos once mil años, cazadores y recolectores se instalaron y se convirtieron en agricultores. El concepto de "propiedad" empezó a evolucionar. Empezó con la tierra, pero eventualmente (y por desgracia) se amplió para incluir mujeres, niños y esclavos. El matrimonio fue un arreglo creado para proteger las cosas que uno tenía, al tiempo de posicionarse para adquirir incluso más. Con frecuencia, esto significaba que los matrimonios estaban arreglados, generalmente por los padres, una idea que a muchos les da miedo. El amor no era parte de la ecuación.

3. En el siglo XVIII nació el matrimonio romántico. En lugar de estar impuesto por las reglas morales de una sociedad patriarcal, el matrimonio se convirtió en una decisión per-

sonal. Los individuos entraban a sus relaciones con necesidades recientemente reconocidas. Pero el matrimonio no venía con un manual de instrucciones. Y faltaba mucho para que se diera el movimiento de autoayuda. Esto dejaba a las parejas con dudas respecto a cómo identificar sus necesidades o pedir lo que querían. Surgió el conflicto. La tasa de divorcios en Estados Unidos aumentó 50 por ciento en los años setenta, nivel en el que se ha mantenido los últimos cuarenta años.

El matrimonio romántico quizá no haya venido con un manual, pero sí vino con un vestigio del matrimonio arreglado: desigualdad entre los sexos. Esto perpetuaba el desequilibrio de poder que era común en el antiguo tipo de matrimonio. Lo llamamos el modelo del dominante-sumiso. Mientras más oportunidades se abrieron para las mujeres, más se puso en riesgo este modelo. Se volvió difícil exigir sumisión. Ambos compañeros querían ser el dominante. Cada uno daba por hecho que: "Tú y yo somos uno, ¡y yo soy el principal!"

Lo que sigue en la evolución del matrimonio es lo que hemos ayudado a las parejas a construir desde hace décadas: un matrimonio de sociedad. En un matrimonio de sociedad, ambos integrantes son libres e iguales. De manera consciente promueven el crecimiento psicológico y espiritual del otro. Al hacerlo, experimentan la mayor comunión posible entre humanos.

Como educadores de matrimonios y familias con décadas de experiencia, podemos asegurar que este modelo puede ser un reto. Aunque hemos estado casados desde hace treinta años, en definitiva fue un reto para nosotros.

Justamente hace poco más de diez años tuvimos un despertar intenso y aterrorizante. Aunque somos expertos en cuanto a matrimonio, un día nos despertamos y vimos que el nuestro estaba en ruinas. Habíamos creado la terapia Imago. Habíamos ayudado a miles de parejas alrededor del mundo a sanar sus matrimonios. Pero no practicábamos lo recomendado. Parecíamos personas distintas al trabajar con parejas y al estar en casa. Discutíamos mucho. ¡Nos sentíamos hipócritas!

Así que decidimos usar los ejercicios y las técnicas que habíamos creado para los demás. La misma magia que vimos que otras parejas experimentaron se volvió nuestra. Pudimos recrear nuestra intimidad anterior, pero en un nivel incluso más profundo. Nuestro matrimonio al final se convirtió en la relación romántica de nuestros sueños.

Creemos que todos tenemos la capacidad de crear esta clase de relación. Este libro le ayudará a lograrlo. Está a punto de conocer la siguiente evolución en cuanto al matrimonio: una que tiene profundas posibilidades para usted como persona y para la salud del mundo. Es sólo ahora, en este momento, que un matrimonio de sociedad es posible. De verdad creemos que si usted practica los conceptos descritos en este libro, creará el matrimonio de sus sueños. Y así se unirá a miles de otras parejas que, sin hacer ruido, están trabajando para lograr esta revolución de las relaciones románticas.

Helen LaKelly Hunt y Harville Hendrix

¿Cómo usar este libro?

Harville y Helen

Cada capítulo de este libro ofrece una verdad esencial acerca del matrimonio que hemos aprendido tras décadas de trabajar con parejas. Cada capítulo también termina con un ejercicio sencillo diseñado para ayudarle a poner en práctica los conceptos que está aprendiendo. Al final del libro, juntamos todos estos ejercicios en un programa integral.

Transformar su matrimonio implicará esfuerzo de su parte. A veces el resultado será instantáneo. A veces parecerá que no hay progreso. Lo importante es seguir adelante. Cuando nuestro matrimonio estuvo en problemas, cada día dedicamos tiempo a realizar los ejercicios que encontrará en este libro. Para tener éxito, también necesitará crear su propio programa de práctica diaria.

Si en vez de sentirse emocionado, le parece poco interesante, lo entendemos perfectamente. Dedicamos mucho tiempo y energía para encontrar la pareja perfecta. Y muchos (¡por no decir que todos!) damos por hecho que una vez que decimos: "Sí, acepto", se acabó el trabajo. La idea de dedicarle tiempo a enfocarnos en nuestra relación más importante puede parecer extraña e, incluso, deprimente. Esto es particularmente cierto cuando estamos incómodos.

Al principio, cuando empezamos a enfocarnos en nuestro proceso de sanación, la relación estaba mal. Ambos sabíamos mucho sobre el matrimonio, en teoría. Pero no sabíamos cómo vivir con lo que sabíamos. Y cuando no estábamos de acuerdo en algo, ninguno de los dos cedía. Para imponer nuestras opiniones, las analizábamos y nos culpábamos el uno al otro. Si usted hubiera buscado "tercos como un burro" en el diccionario, ¡hubiera encontrado nuestras fotos! Estábamos muy enojados. Lo último que queríamos era compartir tiempo y hacer los ejercicios.

El callejón sin salida de una relación que

necesita sanar urgentemente.

¡Vaya que recibimos una buena sorpresa! Empezar no fue tan difícil como pensamos que sería. Cada noche, nuestra relación romántica se sintió un poquito mejor que la noche anterior. Luego, de repente, experimentamos un cambio enorme. Por primera vez en mucho tiempo, descubrimos que nos encantaba estar juntos.

Construir una nueva forma de relacionarse es muy similar a desarrollar los músculos. Se necesita tener una intención y trabajar a diario. Tal vez empezará por leer el libro completo una vez. Quizá algunos vayan directo a la Verdad número 1, El amor romántico es un truco, seguida por el ejercicio. Puede seguir los ejercicios después de cada capítulo, o usar el programa completo al final, que tiene un espacio para que registre sus pensamientos y conclusiones (vea la página 164). Por supuesto, también puede conseguir un cuaderno o una carpeta para llevar un registro de su trabajo. Incluso puede comprar dos copias del libro (después de todo, ¡no queremos que se peleen por ser el que lo vaya a leer en un momento determinado!).

También lo animamos a leer el libro varias veces y repetir los ejercicios. Puede regresar al principio o elegir un capítulo y un ejercicio que le resuene en ese momento. ¿Por qué nos enfocamos tanto en que continúe con los ejercicios? Porque, cada vez que los realice, aprenderá algo nuevo. Eso es el trabajo de desarrollar el verdadero amor en su vida y de crear, juntos, el matrimonio de sus sueños.

Sin embargo, no se preocupe. Este proceso no tiene que ser como un maratón extenuante. Dedicar un tiempo de diez a veinte minutos por noche a leer un capítulo y hacer uno de los ejercicios tendrá enormes beneficios. Ni siquiera necesita terminar un capítulo por noche. Puede trabajar uno por varios días. En pareja, elijan el ritmo que sea correcto para ustedes.

Ustedes crearon juntos su matrimonio, y creemos que las ideas y los ejercicios de este libro funcionan mejor cuando los integrantes de la pareja se comprometen a hacer el trabajo en equipo. Pero no se desanime si su pareja no quiere participar. Una sola persona SÍ PUEDE cambiar la dinámica de una relación. Así que, si está interesado en este libro y su pareja no, le decimos: "¡Adelante!"

El amor romántico es un truco

Helen

Aunque Harville y yo venimos de mundos muy diferentes, cuando nos enamoramos teníamos mucho en común. Ambos estábamos divorciados. Además, cada uno tenía dos hijos, nos apasionaba la psicología y nos encantaba la barbacoa. Incluso teníamos la misma opinión sobre las vacaciones ideales: manejar por Estados Unidos en un cámper rentado con nuestra nueva familia combinada. ¡Imagínese lo compatibles que (pensábamos que) éramos!

No recuerdo una sola cosa en la que no estuviéramos de acuerdo. Ahhh, ¡el esplendor de una relación que apenas está iniciando!

Usted tiene su propia vida cuando de repente lo ve. Sus ojos se encuentran (están uno frente al otro en una sala repleta de gente). Inician las palpitaciones del corazón. Y comienza el cuento de hadas del romance. Flores, aleteo de pestañas, comidas compartidas, risas. Caminatas cuando el sol se pone y regalitos cariñosos. Pasan horas esperando a que sea el próximo momento para estar juntos, y entonces ven una película o simplemente están, hablando de todo y de nada.

Cada uno dice: "Me siento como si te hubiera conocido desde siempre..." Y en algunos sentidos así es. Esta nueva persona tiene algunas similitudes muy grandes con quienes lo cuidaron a usted durante su niñez.

Ahora, este asunto de "enamorarse" puede no ser tan intenso para todos. Para algunos es más gradual. Pero de cualquier manera, empiezan a pensar mucho el uno en el otro. Estar separados parece intolerable. Así que se mandan mensajes de texto y se llaman seguido. Cuando están juntos, parecen conocer los pensamientos del otro, se completan las frases. Usted sabe exactamente qué es lo que su pareja quiere porque, bueno, ¡pues porque es exactamente lo mismo que usted quiere!

La fase inicial de un romance saca a flote lo mejor de la gente. Ambos hogares siempre están ordenados. El cuidado personal es una prioridad. Ninguno eructa en presencia del otro. Antes de saber qué está pasando: se han ENAMORADO.

Es amor romántico...

Es una atracción misteriosa: ¡usted siente momentos de éxtasis absoluto!

Desafortunadamente, esta dicha no dura.

DEL ÉXTASIS A LA AGONÍA

El amor romántico dura lo suficiente como para unir a dos personas. Luego cabalga hacia el horizonte. Y parece que de la noche a la mañana su matrimonio de ensueño se transforma en su peor pesadilla.

El amor romántico cabalga hacia el horizonte.

Ahora, cuando están en el momento más intenso del amor romántico, parece que usted no puede hacer nada que esté mal. Una vez que el amor romántico se apaga, sin embargo, parece que usted no puede hacer nada que esté bien. Quien antes fue su máximo admirador se convierte en su peor crítico. La adoración es remplazada por regaños. Usted empieza a pensar: "¿Quién es esta persona con la que me casé? Antes éramos tan compatibles. Estábamos de acuerdo en todo." Se le revuelve el estómago. Y se pregunta: "¿Cómo es que mi pareja puede pensar de esa manera, comportarse de esa manera y decir semejantes cosas? ¡Me engañó para que pensara que era otra clase de persona!"

Al despertarse intempestivamente del sueño deslumbrante de la compatibilidad, la gente se puede enojar mucho. Desesperada por acabar con el dolor y la decepción que el amor romántico deja atrás, muchas parejas se divorcian. Otras que deciden no hacer la tarea agobiante de dividir sus cosas, pueden optar por permanecer, pero terminan viviendo vidas paralelas, sin conexión real. Dan por hecho que es lo mejor que pueden tener. Pero en secreto creen que algo está terriblemente mal.

¿Es ésta la persona con quien me casé?
Algo está terriblemente mal.

Permita que se lo confirmemos, *nada está mal.*

El amor romántico simplemente es la primera fase de la vida en pareja. Se supone que debe desaparecer.

El amor romántico es la fuerza poderosa que lo atrae hacia alguien que tiene las características positivas y negativas de sus padres o de su cuidador; esto incluye a cualquiera que haya sido responsable de su cuidado cuando fue niño, por ejemplo: un padre, un hermano o hermana mayor, un abuelo o abuela o nanas. Usted siente que conoció a su pareja desde siempre cuando la acaba de conocer porque tiene las características positivas de sus padres. Y como también tiene las características negativas de sus padres, acaba por sentirse irritado y decepcionado de ella. Es por ello que la agonía puede remplazar el éxtasis inicial. Es la razón por la que las relaciones se pueden volver tan dolorosas y difíciles.

¡Momento! La idea de que su pareja en realidad es una combinación de características de sus padres puede inquietarlo al principio. Aunque amemos a nuestros padres, la mayoría de nosotros (conscientemente) dejamos atrás la idea de querernos casar con ellos cuando cumplimos cinco o seis años. Luego, cuando llegamos a la adolescencia, lo único que queríamos era nuestra libertad. Pero el hecho es que inconscientemente nos atrae esa persona especial con una combinación de las mejores y peores características de todos nuestros cuidadores. A esto le llamamos nuestro Imago, al listado de características positivas y negativas de sus cuidadores principales.

Lo que pasa detrás de escena.

Si usted está leyendo esto y piensa: "Pero, esperen, no hay ninguna similitud entre mi pareja y mis padres", permítanos clarificar. Quizá su pareja no se parezca físicamente a sus padres, y en la superficie quizá no actúe como sus padres. Pero acabará por sentir las mismas sensaciones que tuvo de niño cuando estuvo con sus padres. Esto incluye la sensación de pertenencia y el amor que usted sintió. Pero también incluye la experiencia y el desagrado de que no se cumplieran todas sus necesidades.

REVIVIR LA NIÑEZ

Al resultado de que no se hayan cumplido todas sus necesidades le llamamos "heridas de la infancia". Se vuelve sensible en el presente ante lo que le faltó en el pasado. Nuestra mente inconsciente está programada de modo tal que la única manera de sanar esas heridas es que alguien con características como las de nuestros cuidadores aprenda a darnos lo que necesitamos —y no recibimos— en nuestra niñez. Aunque es difícil tolerarlo, este diseño en las relaciones es un plan maravilloso: cada uno sana las heridas de la infancia del otro.

Tenga la certeza de que, cuando hablamos acerca de heridas de la infancia, no estamos culpando a los padres de nadie (ni a los suyos ni a los nuestros). La realidad es que nadie tiene padres perfectos. Pregúntele a cualquiera de nuestros seis hijos si fuimos perfectos, ¡y les asegurarán que definitivamente no! Pero incluso cuando los padres son maravillosos, hay maneras en las que su comportamiento no es el adecuado. En otras palabras, es imposible ser el padre "perfecto".

Así que si sus padres fueron pésimos, o si su forma de herir era más sutil, los resultados por lo general caen en dos categorías.

O sus padres se involucraban demasiado, lo cual hacía que se sintiera controlado y asfixiado.

O sus padres no estaban lo suficientemente involucrados, lo que hacía que se sintiera abandonado.

Cuando era una niña pequeña, me sentía asfixiada por las expectativas de los demás. Mis padres me exigían ser dulce y cariñosa con todos, sin importar cómo me sintiera en realidad. Dado que nací y crecí en el sur de Estados Unidos, mi cultura esperaba que fuera una gentil belleza sureña que complaciera a los demás.

Incluso me enseñaron a realizar una reverencia perfecta, en serio, se esperaba que me inclinara ante los demás. Ya que estaba ocupada con sus actividades como voluntaria en el hospital, mi madre rara vez estaba por ahí cuando regresaba de la escuela. Y, al igual que ella, se esperaba que trabajara como voluntaria la mayor parte de mi tiempo libre.

Ahora pasemos rápidamente a mi matrimonio.

Usted pensaría que yo era la esposa perfecta, cuidando a Harville de todas las maneras posibles...

Bueno, la verdad es que sí... y no.

Cuando nos casamos, me prometí ser la mejor esposa posible para Harville. Era completamente devota y me enorgullecía de ponerle atención a todos los detalles de su vida, a todos y cada uno de ellos. Pronto sentí que lo conocía mejor de lo que se conocía a sí mismo. (Oh, no, ¡cuidado!)

Sé que te gusta el anaranjado, así que decidí poner cortinas anaranjadas en tu estudio... y tu hermana llamó para preguntar cómo estabas y le dije que estabas bien, porque por supuesto lo sabía... Y saqué este suéter que sabía que querrías ponerte hoy...

Pero, ¿y yo qué?

Cuando los amigos le preguntaban algo a Harville, yo con orgullo me metía y respondía. Ponía en la mesa su desayuno y con orgullo le cocinaba la cena sin preguntar lo que quería. No necesitaba preguntar. Porque ya sabía. Dado su amor por *Star Trek*, simplemente sabía que le fascinarían los tarros y las toallas de baño de *Star Trek* con que lo sorprendía de vez en cuando. Le ponía tanta atención a Harville que si usted hubiera querido saber cómo estaba él, bastaba con que me lo preguntara a mí.

Con todo lo que estaba haciendo por él, di por hecho que se sentía afortunado de estar casado conmigo. Pero luego, un día, Harville hizo algo MUY distinto a lo esperado. ¡ENLOQUECIÓ! Nunca lo había visto tan enojado. Me sorprendió. Me sentí herida. Y *muy* confundida. ¿Cómo podía ser que no valorara *todo* lo que estaba haciendo? Después de que se calmó, me dijo que, a pesar de todos mis esfuerzos, realmente nunca le había *preguntado* qué quería. Ésta fue una retroalimentación sorpresiva. Yo daba por hecho que sabía, pero Harville se sentía completamente anulado.

A pesar de mis múltiples esfuerzos, no estaba logrando cumplir con ninguna de las verdaderas necesidades de Harville. Hacía cosas por él, pero no me estaba conectando con él.

Los patrones de mis heridas de la infancia encajaban perfectamente con los de Harville. Ambos padres de Harville fallecieron cuando era chico y lo mandaron a vivir con su hermana mayor, Rosa Lee, cuando tenía seis años. Ella trataba de hacer todo lo que pudiera por él. Y era maravillosa en muchos sentidos. Pero tenía otros niños que cuidar. Y era su hermana mayor. No estaba tan en sincronía con Harville como lo había estado su mamá. ¿Cómo podría estarlo? Como resultado, Harville se sentía muy solitario. Su principal herida de la infancia era el abandono.

El hecho de que yo hiciera cosas por Harville sin estar realmente conectada con él revivió sus sentimientos de infancia. Una vez más estaba siendo abandonado, pero esta vez por su esposa.

No fue por error que nuestras heridas de la infancia encajaran tan bien. **Recuerde, cuando el amor romántico ataca, usted se** siente atraído por una persona cuyos comportamientos hacen que vuelva a experimentar los sentimientos que tuvo con sus cuidadores.

Así que recuerde, su mente inconsciente eligió a su pareja. Sabía que para sanar sus heridas de la infancia, usted necesitaba sentir de nuevo estas emociones como adulto. El matrimonio le brinda esta oportunidad de revivir recuerdos y sentimientos de su infancia, *pero con un resultado diferente y más feliz.* Cuando era niño, usted estaba indefenso. Ahora que es adulto y tiene poder, puede trabajar con su pareja para que cada uno de ustedes reciba lo que necesita.

PERO HAY BUENAS NOTICIAS

Esto quizá parezca una terrible maraña. Pero dado que estar en pareja es algo diseñado para que resurjan los sentimientos del pasado, **la mayoría de las molestias que se desatan en nosotros en las relaciones proviene del pasado.** ¡Sí! Casi 90 por ciento de las frustraciones que su pareja tenga en relación con usted, en realidad tienen que ver con *sus* problemas de la infancia. Esto significa que sólo 10 por ciento, aproximadamente, tiene que ver con usted. ¿Verdad que se siente mejor?

¡MISTERIO RESUELTO!

El amor romántico nos lleva hasta los brazos apasionados de alguien que acabará por desencadenar las mismas frustraciones que teníamos con nuestros padres, ¡pero por las mejores razones posibles! Al hacerlo, nuestras heridas de la infancia surgen para poder sanar.

De seguro pensaría que, con este potencial para sanar, su relación pronto podría mejorar bastante. Y al final sí mejorará mucho.

Pero primero hay que hacer trabajo difícil.

Verdad número 1: el amor romántico es un truco

EJERCICIO: ANTES Y AHORA

Primero:

1. Escriba las frustraciones que recuerde que tuvo respecto a sus cuidadores de la infancia y cómo se sentía (puede usar "Frustraciones de antes y ahora" en la página 171, que es parte del programa de ejercicios al final del libro). Las frustraciones pueden ser un suceso específico o una experiencia en general.

    Recordatorio: los cuidadores incluyen a cualquier persona que fuera responsable de cuidarlo cuando era niño, por ejemplo, un padre, un hermano mayor, un pariente o una niñera.

2. Haga una lista de las frustraciones constantes que tenga con su pareja y cómo lo hacen sentir. Apunte la mayor cantidad que pueda, incluyendo las irritaciones menores y también las cosas que en realidad le molestan.

3. Mire ambas listas y busque similitudes.

Luego:

Platique sobre las similitudes entre las dos listas con su pareja. Mientras las comparte, notará que aumenta la curiosidad del uno por el otro. Es difícil sentirse curioso y frustrado al mismo tiempo. En el ejercicio de la Verdad número 7 (La negatividad es un deseo disfrazado), aprenderá a convertir las frustraciones más fuertes en solicitudes específicas para crecer y sanar.

<u>**Y recuerde**</u>:

El 90 por ciento de las frustraciones con nuestra pareja provienen de experiencias en nuestro pasado. Esto significa que sólo diez por ciento tienen que ver con ustedes.

VERDAD NÚMERO 2

La incompatibilidad es motivo para casarse

HARVILLE

¿Por qué es tan difícil trabajar por su matrimonio? La persona con la que usted está casado se parece a sus padres, pero además ustedes dos son incompatibles. Es como si hubiera un diseño universal y que, misteriosamente, nuestra incompatibilidad fuera la pieza clave de este plan. Como verá, la incompatibilidad desempeña un papel crucial al prepararlos para cubrir las necesidades del otro.

Es por ello que decimos que **la incompatibilidad es motivo para casarse.**

Y, sinceramente, la compatibilidad es motivo de aburrimiento.

Lo hemos visto una y otra vez. La gente quiere creer que se enamoró de alguien que se parece mucho a sí mismo. Pero el hecho es que nos atraen personas que, en cierta forma, son nuestro opuesto total. Es por ello que el amor romántico necesita ser una fuerza muy poderosa. Sin él, veríamos la realidad de nuestra incompatibilidad de inmediato, ¡y saldríamos corriendo!

Helen y yo *realmente* éramos incompatibles. Yo nací en una granja en una zona rural de Georgia. Ella creció en una mansión con vista a un lago en Dallas. Yo era muy pobre. Ella era tan rica como los petroleros tejanos. Mi padre murió justo después de que nací y dejó a mi madre sola con nueve hijos en una granja de cien acres por la que había que pagar hipoteca. Mi mamá murió cuando yo tenía seis años. Una de las pocas cosas que teníamos en común Helen y yo es esto: yo crecí como huérfano y me cuidaron mis hermanas mayores; ella creció como si fuera una huérfana en una casa con empleados domésticos ocupados y padres incluso más ocupados.

A Helen le gusta quedarse en un mismo lugar. Yo soy un vagabundo. Ella es interna y yo prefiero orientarme hacia el mundo exterior. Durante un viaje en coche, yo decía: "¿A poco no está increíble esta vista?" Sólo entonces levantaba la mirada de la tela que estaba bordando. Helen tiene una relación muy poco rigurosa con el tiempo y yo soy obsesivamente puntual. Si ella toca una puerta y no abren, sigue tocando. Yo me voy a otra puerta. Le gustan las verduras suaves. Yo las prefiero casi sin cocinar o crudas.

Helen es intuitiva y entiende la complejidad de inmediato. Yo soy lógico. Para cuando hallo la solución, ella ya está en la meta y sólo está esperando a que llegue. Helen es excelente para hacer muchas cosas a la vez. ¡Eso me volvía loco! Todavía me va mejor si me enfoco en una sola cosa a la vez.

Hay una vieja canción en la película *Mi bella dama*, "¿Por qué no puede la mujer ser más parecida al hombre?" Desafortunadamente, lamentarse acerca de esto sólo nos lleva a una cosa…

LLEGA LA LUCHA DE PODER

"Tú nunca…"

"Tú SIEMPRE…"

"Eres tan…"

Bienvenido al callejón oscuro de la lucha de poder. Cada uno cree profundamente que tiene la razón. Si tan sólo su pareja pudiera ver lo maravilloso que es. Ah, y también si estuviera de acuerdo con hacer todo lo que usted le ha pedido —o ha dado a entender que quiere, o ha deseado en secreto sin haberlo dicho en voz alta—, exactamente en la forma en que usted quisiera que lo hiciera. Entonces todo sería PERFECTO. La lucha de poder es absolutamente frustrante. Pero, ¿qué cree? Sí, ya está aprendiendo...

¡Esto también se supone que tiene que pasar!

La lucha de poder siempre se presenta después de que desaparece el amor romántico. Y, al igual que el amor romántico, la lucha de poder tiene un propósito. Su incompatibilidad es, a fin de cuentas, lo que hará que su matrimonio sea emocionante (esto es, una vez que haya dejado atrás la necesidad de que haya similitud). **La tensión de los opuestos que se produce por esta incompatibilidad es vital para sanar las heridas de la infancia.** Le brinda la energía suficiente para trabajar en eliminar sus problemas. **Y ayuda a que ambos construyan fuerza psicológica y emocional.**

LA INCOMPATIBILIDAD, DECODIFICADA

"Pero espere un minuto", piensa, "mi pareja y yo realmente *sí* somos compatibles en muchos sentidos. Nos encanta el mismo tipo de comida, las vacaciones y nuestra infancia fue muy similar."

Sí, usted y su pareja pueden tener muchas cosas en común. Pero hemos encontrado que las parejas son incompatibles en dos sentidos principales: 1) en cómo se relacionan con la estructura o con la libertad, y 2) en cómo manejan la tensión y el conflicto.

Cuando se trata de estructura y libertad, Helen y yo tenemos sentimientos muy distintos. En los fines de semana que tenemos tiempo libre para estar juntos, lo primero que Helen quiere hacer es planear todo. Se pone a leer reseñas de películas y restaurantes. Luego me hace preguntas sobre qué boletos comprar y qué reservaciones hacer. Lo que he llegado a entender es que la estructura ayuda a que Helen disfrute más nuestro tiempo libre juntos. Se puede relajar y realmente disfrutar una vez que existen planes.

Yo, por el contrario, prefiero que nuestros fines de semana no estén estructurados. No es que quiera quedarme en casa y mirar la pared todo el rato. Incluso me parecería bien si Helen y yo acabáramos viendo una de esas películas o comiendo en uno de esos restaurantes que dedicó tiempo a investigar. Sólo es que valoro la espontaneidad. No me divierte estar comprometido desde antes con una actividad específica a una hora específica. Quiero relajarme y pasear sin ningún destino fijo en mente. Antes esto era un problema real entre nosotros, hasta que encontramos maneras de disfrutar nuestros fines de semana juntos y a la vez satisfacer las necesidades de ambos.

LA TORTUGA Y LA TORMENTA DE GRANIZO

¿Cómo hacen dos personas incompatibles para aprender a vivir juntas? En primera, es importante reconocer sus diferencias sin juzgar al otro. Entienda que van a tener actitudes opuestas respecto a muchas cosas. Y ninguno de ustedes está equivocado. Una vez que realmente lo comprendan, podrán usar la creatividad para diseñar patrones de vida felices *juntos*.

Lo cual nos lleva al punto número 2. Hay una forma de navegar su relación exitosamente cuando alguno o los dos de ustedes estén bajo tensión.

Cuando empezamos a trabajar, Helen y yo descubrimos que las reacciones de la gente ante el estrés y el conflicto caen en una de dos categorías: **minimizar o maximizar.** Cuando los minimizadores están ansiosos, tienden a jalar sus reacciones hasta el interior. Contienen su energía. Le llamamos **tortuga** a esta persona, porque su forma de jalar hacia dentro es similar a la de una tortuga que se refugia en su caparazón. Cuando los maximizadores están ansiosos, tienden a expresarlo con fuerza ante quien sea que esté cerca para oírlos. A esta persona la llamamos la **tormenta de granizo**, porque quien se le enfrenta, siente como si fuera golpeado por granizo del tamaño de pelotas de golf.

Las tortugas necesitan distancia. Quieren libertad. Les gusta pasar tiempo a solas, perdidas en sus pensamientos. Así es como recargan energías. Procesan sus sentimientos en forma callada, desde el interior, y reflexionan con cuidado antes de ofrecer retroalimentación. Son quienes por lo general mantienen la estabilidad. Acostumbran recordarle a la gente que hay que relajarse cuando la tensión aumenta. Vistas desde afuera, podría pensarse que las tortugas andan por ahí sin alcanzar muchos logros. Pero la frase "Despacio, que voy de prisa" definitivamente parece aplicarse a su caso. Todo lo que necesitan es que usted confíe y les brinde un tiempo sin interrumpirlas; eso les basta para mover montañas.

Las tormentas de granizo, por el contrario, florecen cuando hay contacto. Su energía fluye hacia fuera y prefieren procesar sus sentimientos en compañía de los demás. Son maravillosas si se trata de atender cuestiones de dinámicas familiares. De hecho, ¡probablemente fue una tormenta de granizo la que compró este libro! En lugar de analizar las cosas con cuidado, las tormentas de granizo responden al instante. Espontáneamente tienen grandes ideas y chispazos de intuición. Divertirse con su pareja al ir al cine u organizar una fiesta es una gran forma de recargar energías para ellas. Además, no es necesario preocuparse por si van a lograr que las cosas se hagan. Tienen listas de pendientes. Y *de veras* disfrutan al tachar lo que han apuntado allí.

> Estaba hablando con una amiga ayer mientras preparaba un nuevo platillo para cenar... Me di cuenta de que este platillo sería perfecto para la recaudación de fondos y pensé que quizá podríamos organizar algo así para el campamento al que fueron nuestros niños el verano pasado... Y ayer en el parque me encontré con alguien que organiza reuniones y sus niños fueron al mismo campamento y les encantó la idea de ayudar con esta reunión...

La tormenta de granizo: constantemente piensa
acerca de quince cosas a la vez y las hace.

Si las dejan en piloto automático, la tortuga y la tormenta de granizo se volverán LOCAS la una a la otra. Pero lo extraño de todo esto es que **las tortugas y las tormentas de granizo casi**

siempre se casan una con la otra. A veces queda muy claro cuál es la tortuga y cuál es la tormenta de granizo. **En otros casos, puede no ser tan obvio hasta que surgen problemas.** Como poderosos imanes, estas energías opuestas se atraen con pasión y sin escapatoria. Esto ha sido cierto en cada pareja que hemos conocido, y también es cierto para Helen (la tormenta de granizo) y para mí (la tortuga).

Cuando me enfrento a una situación estresante, necesito tiempo a solas para procesar el asunto. Es así como obtengo conocimientos. Al enfrentar el mismo problema, Helen lo procesa hacia afuera al hablar acerca de sus sentimientos. Ella mira la situación desde cierto punto de vista, luego otro, luego otro, y los procesa todos conmigo antes de decidirse por uno.

Buena parte del tiempo, logramos encontrar formas de compaginar ambos estilos. Pero cuando me sentía sobrecargado, necesitaba retirarme un momento. ¡Esto enfurecía a Helen! Ella sentía que había desaparecido. Así que se despertaba su tormenta de granizo y empezaba a granizar para obtener mi atención. ¡Esto no me ayudaba ni tantito!

Helen empezó a ver que mientras más fuerte granizara, más me retiraba yo. La idea de hacerse para atrás le parecía un reto. Un día, Helen tuvo una idea. Le encanta bordar y decidió que cada vez que sintiera que yo me retiraba, empezaría un proyecto de bordado. Esto le daría algo en qué enfocarse (que no fuera yo), lo que le facilitaría alejarse y darme el tiempo que yo necesitaba.

Ahora que ha aprendido a canalizar su energía de esta forma, obtiene una pareja completamente restaurada y con los recursos suficientes para resolver problemas. Y su pareja también está agradecida. Yo en realidad aprecio que haya aprendido a respetar el hecho de que necesito espacio antes de poder mostrar mi mejor faceta. Y nuestros hijos y nietos también se han beneficiado,

¡cada uno de ellos tiene una preciosa bota bordada para colgar en Navidad!

Al igual que el truco del amor romántico, la física de la tortuga/la tormenta de granizo es una ley de la naturaleza. Siempre funciona exactamente así: mientras más se meta la tortuga en su caparazón, más fuerte granizará. Mientras más granizo haya, más se ocultará la tortuga.

ASÍ QUE RECUERDE: ¡USTED TIENE EL PODER DE CAMBIAR!

Un punto importante llegó cuando Helen y yo por fin nos dimos cuenta de que no necesitábamos ser víctimas de la dinámica de la tortuga/la tormenta de granizo. Teníamos control sobre qué tanto graniza su tormenta y qué tanto se oculta mi tortuga. *Sí, usted y su pareja tienen el poder de hacer que esta ley de la naturaleza les beneficie.*

He aquí lo que aprendimos…

A todas las tormentas de granizo: por supuesto que ustedes quieren hacer ruido cuando su tortuga se mete en su caparazón. ¡Pero no lo hagan! Esto no conseguirá lo que desean. Las tortugas se retiran porque se sienten abrumadas.

Otros comportamientos que molestan a la tortuga son culparla por algo que salió mal en la relación o convencerla de hacer lo que usted quiere. Las tortugas odian que las analicen. Las tormentas de granizo también pueden, desde el punto de vista energético, ocupar la mayor parte del espacio de una relación. Esto hace que la tortuga sienta que la dejan fuera. Si usted sigue con alguno de estos comportamientos, tormenta de granizo, su tortuga se mantendrá bien oculta en su caparazón.

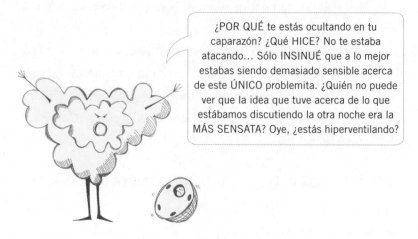

¿Quiere que su tortuga salga? Muéstrele que es seguro hacerlo. Agradezca en voz alta todo lo que hace. A ella le enorgullece ofrecer estabilidad y mantener en orden su hogar. Reconozca estos dones. Una vez que se sienta a salvo, no tendrá razón para ocultarse. Déjela un poco de tiempo en su caparazón y pronto saldrá para conectarse, después de todo, ¡tras un rato el caparazón se vuelve un lugar solitario!

Algo más acerca de las tortugas: si las llevan hasta sus límites, ¡se vuelven gruñonas! Puede pasar un rato antes de que lleguen a este punto. Pero una vez que lo alcanzan, ¡cuidado! No es bonito.

Y ahora, tortugas: cuando ven que se empiezan a juntar las nubes oscuras de la tormenta de granizo, por supuesto que desean esconderse. ¡No lo hagan! Para que el granizo no abolle el caparazón, tengan valor y estiren el cuello. Las tormentas granizan porque se sienten abrumadas. Con frecuencia se sienten como si estuvieran cargando el peso del mundo.

Cuando la tortuga se retira, la tormenta de granizo se siente muy solitaria. Así que al momento en que escuche un trueno, bríndele su atención completa. Ofrezca bondad y apoyo. Dele una flor, escribe una nota de agradecimiento o ponga atención a sus sentimientos.

Lo más importante para las tortugas es recordar que hay que comunicarse de manera delicada con su tormenta de granizo. Esto es cierto todo el tiempo, y en especial cuando alguno de los dos se siente rebasado o poco apreciado. Asegúrele a la tormenta de granizo que la protege. Una vez que se dé cuenta de que puede depender de usted, las nubes oscuras se dispersarán y una vez más brillará el sol.

TORMENTA DE GRANIZO "CALMADA", ¡LE PRESENTAMOS A LA TORTUGA "GRUÑONA"!

Si el peor escenario posible es que cada uno enoje al otro, ¿cuál es el mejor escenario posible? Es cuando la tortuga y la tormenta de granizo aprenden a bailar juntos. Y lo hacen al enseñarse mutuamente lo que cada uno sabe hacer mejor. Las tortugas necesitan aprender a sacar su energía y "estar presentes". Esto significa expresarse en voz alta y con claridad, igual que la tormenta de granizo. Y las tormentas de granizo necesitan aprender la sabiduría de la tortuga al retroceder y contener su energía. Este intercambio ayuda a ambos a obtener valiosas habilidades y —nos atreveremos a decirlo— a que cada uno sea más parecido al otro.

Aunque nuestra incompatibilidad es, en buena medida, lo que nos atrae hacia nuestra pareja —de manera inconsciente, por supuesto—, irónicamente cada miembro de la pareja necesita aprender a ser más parecido al otro. ¡Y esto incluye los aspectos que más les molestan!

Conforme la tortuga se vuelve más como la tormenta y la tormenta se vuelve más como la tortuga, se restaura el equilibrio. Además, estas habilidades ayudan a cada uno a volverse un mejor ser humano en el mundo.

Es sorprendente descubrir que tenemos la clave para controlar qué tanto se oculta nuestra tortuga o qué tan fuerte graniza nuestra tormenta. Trabajar para remediar la incompatibilidad nos ayuda a sanar las heridas de la infancia del otro. **Darle a nuestra pareja lo que necesita, desarrolla nuevas cualidades en nosotros mismos, que nos permiten incrementar la fuerza psicológica y emocional.** Que podamos hacer esto el uno por el otro —ser catalizadores y compañeros en su jornada— es el verdadero misterio y milagro de las relaciones amorosas.

Verdad número 2: la incompatibilidad es motivo para casarse

EJERCICIO: DOMAR A LA TORMENTA DE GRANIZO Y SACAR A LA TORTUGA

Al leer este capítulo, probablemente le fue fácil determinar quién en su relación es la tortuga y quién es la tormenta de granizo. Si no, piense en cómo responde usted cuando realmente está frustrado. Si todavía le cabe duda, ¡puede preguntarle a su pareja!

Saque a esa tortuga

Si usted es una tormenta de granizo y su tortuga está firmemente atrapada en su caparazón. He aquí algunas ideas para animarla a salir:

1. Pregúntele qué necesita en este momento. *No se moleste si ella no está segura. Sólo haga la pregunta y luego enfóquese en ser alguien que le brinde a su pareja la suficiente seguridad como para que se abra. Vuélvase más curioso acerca de por qué su tortuga tiene un caparazón duro (y una pancita suave).*

2. No haga nada. *Ésta es la opción más sencilla (y por lo general la más eficaz). Pero también suele ser la más difícil para una tormenta de granizo. El punto es que si le da a su tortuga un poco de espacio, se asomará de su caparazón pronto y usted ya no se sentirá solo.*

3. Escriba una nota corta y bondadosa con halagos sinceros, y déjela en algún lugar donde la pueda encontrar (por ejemplo en su escritorio, mesa de noche o portafolios, o pegada con cinta adhesiva al espejo del baño). *Esto le recuerda a la tortuga que la valora.*

Calme a la tormenta de granizo

Si usted es una tortuga y su tormenta de granizo está iracunda, y lo golpea con granizos del tamaño de pelotas de golf. He aquí algunas ideas para calmarla:

1. Déjele un detalle que muestre su agradecimiento —una flor, una nota bondadosa o uno de sus bocadillos favoritos. *Este pequeño gesto le permite ver que a usted le importa y que no se está ocultando.*

2. Pregunte: "¿Qué pasa?", y luego repita lo que su tormenta de granizo diga.

3. Si realmente quiere calmar a la tormenta de granizo, puede preguntar: "¿Hay algo que pueda hacer por ti?" *Más que ninguna otra cosa, esto permitirá que la tormenta de granizo sepa que usted la cuida. Y tener una pareja que la cuida es lo principal para la tormenta de granizo. El asunto es que usted necesita dar seguimiento y realmente LLEVAR A CABO lo que prometió hacer por ella. De lo contrario, ¡el granizo que le está cayendo encima crecerá!*

Y recuerde:

La incompatibilidad no sólo es motivo para casarse… ¡Brinda la oportunidad de crear un estupendo matrimonio!

El conflicto es el crecimiento que intenta ocurrir

HARVILLE

Espero que ahora descubra que el conflicto que está experimentando no sólo es normal, sino inevitable y hasta *valioso*. No intente evitarlo. No intente negarlo. No huya de él ni desee que desaparezca. Quédese con él y descubrirá algo maravilloso justo a la vuelta de la esquina.

Aunque el conflicto haga que se sienta incómodo, también puede animarlo a reflexionar sobre su situación desde una nueva perspectiva. Así que tiene elección. Puede actuar de manera que haga que el conflicto siga adelante. O convertir el conflicto en tensión creativa, que hace surgir nuevas ideas y talentos.

De hecho, **el conflicto es el crecimiento que intenta ocurrir.**

Todos queremos amor real. Es lo que pensábamos conseguir cuando dijimos "Sí, acepto." Pero hay dos paradas obligatorias en la jornada:

1. Amor romántico: ¡esta parada es el éxtasis total! Los químicos del placer se liberan hacia el cerebro para unirlo a su pareja. Se siente maravilloso. Con gusto se quedaría aquí para siempre.

2. Lucha de poder: desafortunadamente, cada pareja acaba aquí. Usted ve todas las características negativas de su pareja, que eliminan todos los químicos del placer en su cerebro. Se siente perdido y parece que va para abajo, para abajo, ¡PARA ABAJO!

Sobreviva estas dos paradas, e irá por buen camino. El amor real es la intimidad armoniosa que deseaba, la comunión creada por medio de una relación construida con base en el cariño y el respeto mutuos. Al igual que con cualquier otra cosa que valga la pena tener, se requiere un proceso para llegar al amor verdadero. La travesía es toda una aventura, y nuestro libro es un gran mapa.

Queremos destacar estas paradas porque muchas parejas en conflicto creen que hay algo que está mal con su relación. Hay un mito en nuestra cultura: **si tiene problemas en su relación, significa que está con la persona equivocada.** *Esto no es cierto.*

Tristemente, el dolor y la confusión de la lucha de poder hace que muchas parejas consideren separarse. Les encanta el romance, pero dan por hecho que la lucha de poder significa que es tiempo de tomar la salida. Algunas se divorcian. Otras permanecen viviendo vidas paralelas. Las que se escapan creen ser afortunadas. Pero cualquier relación nueva empieza con amor romántico.

Lo cual significa que la lucha de poder está a la vuelta de la esquina.

¡Nadie se escapa de esto! Su nuevo interés amoroso puede lucir, hablar, reírse y/o actuar de forma diferente que su pareja actual. Pero una vez que desaparezca el amor romántico, cuidado. Se convertirá en una réplica de la pareja que dejó atrás.

Escaparse durante la lucha de poder pone un alto a algo hermoso que intenta surgir en la relación. Usted se alejará de su pareja, pero se quedará con el problema. Es mejor quedarse con la pareja y deshacerse del problema. ¿Cómo? Al mostrar curiosidad acerca de lo que el conflicto quiere traer a su relación.

DETENGA EL CICLO

Las parejas en nuestros talleres sienten *un gran alivio* cuando les explicamos que toda pareja se enfrenta a una lucha de poder. ¡Se dan cuenta de que no están solas! El truco está en **utilizar el conflicto para acelerar el crecimiento.**

Tristemente, Helen y yo estábamos igual que las parejas de nuestros talleres: completamente atrapados en una lucha de poder. He aquí un ejemplo de cómo nos veíamos y de cómo finalmente encontramos la Tierra Prometida del otro lado.

Cuando mi madre murió, al principio yo estaba demasiado sorprendido como para llorar. En el funeral, mi familia me felicitó por contener mis sentimientos. Una de mis hermanas mayores con admiración me llamó "hombrecito". Recuerde, yo sólo tenía seis años. Cuando el *shock* de la muerte de mi madre se me pasó, estaba listo para las lágrimas. Pero había absorbido el mensaje poderoso, enviado por los adultos que me rodeaban, de que expresar los sentimientos *no* estaba bien. Como resultado, oculté mis sentimientos muy adentro. Esto hizo que me relacionara mediante el intelecto a lo largo de la vida. Me comprometí a desarrollar excelentes habilidades de comunicación y de manera lógica escribí y hablé sobre mis pensamientos.

Mis emociones estaban enterradas tan profundamente que a veces *ni siquiera sabía cómo me sentía*. Esto frustraba a Helen, en especial cuando quería trabajar en ejercicios Imago sobre la niñez conmigo. Al mirar mi expresión en blanco, se sentía como si se hubiera casado con un robot.

En contraste, la familia de Helen le daba permiso de sentir, reír, jugar, cantar, bailar… incluso llorar. Recuerde que estamos hablando de la cultura de las delicadas mujeres del sur de Estados Unidos de las décadas de los setenta y ochenta. Estaba bien que las mujeres expresaran sus emociones. Pero nadie esperaba que desarrollaran habilidades lógicas y lineales (ni las animaban a hacerlo realmente). Y olvídense de las habilidades técnicas o de oficina. Su escuela, sólo de mujeres, ni siquiera *enseñaba* cómo escribir a máquina. Cuando ella preguntó por qué, le dijeron que no lo necesitaría.

El mensaje era claro: estaba bien que Helen sintiera, pero no estaba bien que tomara sus ideas demasiado en serio ni que organizara sus pensamientos por medio de la lógica. Así que Helen acostumbraba a hablar de más y expresar sus sentimientos. Muy seguido. ¡Y me empezó molestar!

Prácticamente lo único en lo que estábamos de acuerdo era en que yo había monopolizado los "pensamientos" en nuestra relación, y en que Helen había hecho lo mismo con los "sentimientos".

¿Puede adivinar lo que sucedió después?

Cada vez que surgían problemas en nuestro matrimonio, yo me empezaba a portar cada vez más robóticamente. En lugar de discutirlo racionalmente conmigo, Helen inconscientemente empezaba a involucrar emociones por parte *de ambos*. Con esto quiero decir que Helen se ponía *doblemente* emotiva. ¡Me frustraba tanto! Eventualmente me hartaba y me volvía demasiado crítico.

Todo lo que yo quería era que Helen pensara de manera más lógica (para no tener que hacerle frente a sus caóticos sentimientos).

Todo lo que Helen quería es que sintiera (para que pudiera tener empatía por *sus* sentimientos).

Desafortunadamente, mientras más crítico me volvía, menos clara se volvía Helen en su conversación. Y entonces yo me volvía incluso más crítico. ¿Puede imaginarse la escena? Entonces, ¿cómo salimos de este problema?

Es aquí donde nuestro conflicto nos ayudó a traer algo nuevo a nuestra relación, pues lo usamos como un punto de tensión creativa.

El hecho es que mi habilidad de tener sentimientos profundos simplemente me era desconocida. Y la habilidad de Helen de pensar y hablar de manera lógica no estaba suficientemente desarrollada. Lo que al final vimos es que **la parte de su pareja** *que más lo irrita* **con frecuencia es la parte que usted en secreto desea tener.** Una vez que lo aceptamos, empezó el verdadero trabajo. ¡Acabamos por darle vida a nuevas partes de nosotros mismos!

Mi tarea era darme permiso de sentir. Esto resultó aterrorizante. Significó experimentar lo que *realmente* había sido la muerte de mi mamá para mí a los seis años. Era algo que durante décadas había evitado enfrentar. Soy un tipo al que le gusta el control y el orden, y no tenía ganas de enfrentarlo. ¿Quién las tendría?

Pero el asunto es que notaba que me cerraba cada vez que Helen necesitaba que la apoyara emocionalmente. Ella me recordaba que para salir de este problema necesitaba tomar en cuenta mi herida de la niñez. ¡Vaya que me resistí ante esa idea! Mientras más me resistía, más crecía nuestro conflicto. Finalmente, me armé de valor y salté de lleno hacia mi pesar, lo cual me hizo sentir y encontrarme con todo tipo de emociones que había ocultado a lo largo del tiempo. ¡Vaya que era un desorden!

Gracias a Dios que Helen no tuviera miedo del caos que llegara cuando yo aprendiera a expresar sentimientos profundos. Ella sabía que yo lo podía hacer, y su fe en mis habilidades me resultó muy importante, porque yo no sentía ninguna confianza en mí mismo. Su fe me elevó y exploré este nuevo terreno emocional.

Mientras más me animaba, más grandes recompensas recibía. Helen me dijo que conectar mi corazón y mi cerebro de hecho hacía que se profundizaran mi sabiduría y mi entendimiento. Y aunque sumergirme en mis sentimientos al principio fue un reto, ¡terminé ganando mucho! Ahí estaba yo, el robot intelectual, y de repente se me salían las lágrimas al ver una puesta de sol, o lloraba cuando alguien hacía algo cariñoso por mí. Fue, y sigue siendo, maravilloso dejar que en realidad entraran en mí esos importantes momentos de la vida.

Además, mientras más cómodo me sentía con mis sentimientos, más fácil me era estar con otros que experimentaban emociones. Siempre había sido capaz de hacer esto con las parejas a las que aconsejaba. Pero se me complicaba tener esa apertura con Helen y nuestra familia. ¡Y se me facilitó!

La tarea de Helen era empezar a expresarse de forma más organizada. Un día me dijo algo que había pensado: "¡Quiero una computadora!" Como siempre, estaba listo para ser lógico (y, sí, *también* crítico), le pregunté: "¿Y para qué? ¡No sabes escribir a máquina!" (No tuve tacto.) Helen se negó a rendirse y dijo: "Bueno, puedo aprender por mi cuenta." Y se marchó del cuarto.

Al día siguiente, Helen llevó a casa una laptop. Se veía triunfante y a la vez tímida ante el reto. Para ser sincero, estaba sorprendido y, a la vez, completamente emocionado. Quería apoyarla en cualquier forma que pudiera, así que la ayudé a preparar su nueva laptop. Entre otras cosas, encontré un programa para aprender a escribir con el teclado. Ninguno supo en ese momento qué estábamos desencadenando.

A los tres o cuatro meses, Helen de verdad aprovechaba su nueva computadora. Un día, al escuchar el golpeteo sorprendentemente rápido de las teclas, le pregunté qué escribía: "Nunca te lo había dicho, Harville", dijo, "pero creo que hay un libro dentro de mí. Mi mamá quería escribir un libro, pero nunca lo terminó. Yo tampoco sé si lo terminaré, pero necesito intentarlo." Me pareció intrigante.

Helen había sido invaluable al ayudarme a desarrollar la teoría Imago y al asesorarme en cuanto a mi forma de escribir. Ahora yo podía ayudarla a que sus pensamientos se plasmaran de forma más lógica y lineal en el papel. ¡Me encantó! Y nunca dudé que terminaría. Cuando su libro se publicó, ambos estábamos muy orgullosos.

Con frecuencia, lo que más necesitamos de nuestra pareja es lo que más se le dificulta darnos (lo que significa que a nosotros también se nos dificulta darle lo que más necesita recibir). Tristemente, para los adultos puede ser difícil desarrollar nuevas habilidades, principalmente porque requiere valor.

Así que prepárese para realmente e-s-t-i-r-a-r-s-e.

(Al principio) No será bonito. Y definitivamente no será cómodo.

Por eso lo llamamos el principio del estiramiento.

Sucede que el crecimiento requiere que ambos integrantes de la pareja se estiren hasta hallar nuevas formas de ser. Tiene que ver con usar músculos emocionales que no hemos utilizado antes.

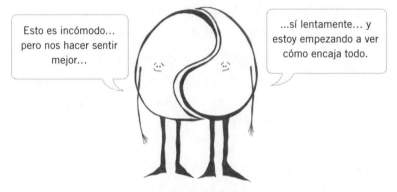

El principio del estiramiento

Yo trabajé en mis sentimientos. Helen trabajó en estructurar sus pensamientos y discursos de forma lógica. Cada semana nos estirábamos un poquito más. No puedo decirle qué tan difícil fue esto para ambos. Pero, poco a poco, avanzamos (y, por cierto, lo seguimos haciendo). Mientras pasa más tiempo y continuamos, nos resulta más fácil. Y lo mejor de todo es que se siente más maravilloso.

Lo que empezó como un GRAN conflicto, dio como resultado que ambos pudiéramos crear experiencias de vida nuevas e invaluables:

- Mi crecimiento me dio la capacidad de estar presente para mis seres queridos y el mundo en una forma que no habría soñado. También me conectó con un yo más joven, que confiaba en todos y que no había experimentado el pesar por las muertes de mis padres. Esto me permitió encontrar mi corazón. De repente, pude dar conferencias y escribir, tanto con mi corazón como con mi mente.

- El crecimiento de Helen le permitió regresar a la escuela, conseguir un doctorado, escribir artículos y volverse autora con libros publicados. Todo esto requirió aprender a pensar y hablar de forma lógica, algo que ahora hace de manera sencillamente hermosa. Pese a que escribir el libro era importante para Helen por el hecho de hacerlo, también esperaba que esto fuera un regalo para su madre. Helen no puede compartir esta historia sin que se le salgan las lágrimas.

Mucha gente opina que el amor romántico desaparece demasiado rápido. Y, para algunos, el conflicto de la lucha de poder dura demasiado. Sin embargo, recuerde que la lucha tiene un propósito. Para salir adelante, necesitan reconocer el **verdadero mensaje detrás del conflicto: es tiempo de que ambos miembros de la pareja se estiren para tener nuevas y enriquecedoras experiencias de vida.** Utilizar el conflicto como catalizador les permite ser la pareja que el otro necesita y desarrollarse plenamente hasta convertirse en todo lo que usted es.

*Verdad número 3: el conflicto es el crecimiento
que intenta ocurrir*

EJERCICIO: LO QUE EXTRAÑAN
Y LO QUE DESEAN

Primero:

1. Anoten las cosas que les encantaban acerca de su relación cuando se acababan de conocer y que ahora extrañan (vean "Lo que extrañan y lo que desean" en la página 176).
2. Escriban algo que han anhelado sentir en su relación, algo que quizá no han sentido antes.

Luego:

Por turnos, compartan los puntos de su lista. Mientras lo hacen, surgirán recuerdos, comuníquenlos también. Por ejemplo, si uno de sus deseos es viajar con más frecuencia, puede revivir el recuerdo de un magnífico viaje que realizaron al inicio de su relación. Compartir ese recuerdo, y abrazarse mientras lo hacen, provocará que su cerebro secrete oxitocina, la hormona del amor que fue responsable de generar los maravillosos sentimientos que tuvo en la fase de amor romántico de su relación.

También pueden hacer una lista de cosas que desean crear en su relación y colocarla en la puerta del refrigerador. Algunas de ellas pueden ser relativamente pequeñas (como ser más afectuosos el uno con el otro o invitar amigos más seguido) y algunas pueden ser más grandes (como tomar una segunda luna de miel). Poner a la vista sus deseos en cuanto a la relación les recordará que deben enfocarse en crearlos.

Y recuerde:

Al estirarse para darle a su pareja lo que necesita,
se enriquece porque desarrolla nuevas habilidades.

Estar presentes el uno para el otro sana el pasado

HELEN

Ahora, por fin (hay que anunciarlo), llegamos al corazón de lo que parece ser parte del misterio universal. Hay algo asombroso que sucede cuando transformamos la energía del conflicto en desarrollo, y nos permite responder la verdadera razón del compromiso en pareja. **Usted es el sanador de su pareja y su pareja lo sana a usted.** Conforme empiece a escuchar a su pareja de otra manera, descubrirá un hecho importante: **las necesidades de su pareja son los planos arquitectónicos para su propia formación y crecimiento, y sus necesidades son el plano para la formación y el crecimiento de su pareja.**

Hay un estilo antiguo de matrimonio. En el cual, cada uno de los integrantes de la pareja empuja con los codos al otro para tratar de llegar al centro. Cada uno espera que el otro le ponga *atención* y *cumpla sus necesidades*. Este tipo de matrimonio no funciona. Hoy, ha surgido un nuevo tipo de matrimonio, el matrimonio de sociedad. Este tipo de matrimonio no tiene que ver con usted… ni tampoco con su pareja. El matrimonio de sociedad se relaciona con algo mayor que los individuos. En él, cada uno ayuda al otro a crecer hasta ser un adulto completo. Y la sanación de las heridas de la infancia del otro es el interés principal en este proceso.

DARTE LO QUE NECESITAS ME SANA

Identificar el plano arquitectónico de lo que el otro necesita para sanar es como una danza de cuatro pasos. Usted y su pareja deben: 1) ayudarse a nombrar sus heridas; 2) especificar qué necesita cada uno para sanar; 3) desarrollarse hasta ser el sanador del otro (al estirarse para cubrir sus necesidades); y 4) ser más fuertes y completos durante el proceso.

Yo cometí un gran error con los primeros dos pasos de esta danza. ¿Recuerdan lo orgullosa que estaba de "conocer a Harville mejor de lo que él se conocía a sí mismo"? Esto significa que yo le seguía dando las cosas EQUIVOCADAS para sanar sus heridas. Un día comprendí que en vez de dar por hecho que sabía lo que él necesitaba, tenía que *preguntar*. Las primeras veces que le pregunté a mi esposo-tortuga qué necesitaba, me respondió que no sabía. No era que Harville quisiera dificultarme las cosas. Lo que sucedía es que la tortuga no se sentía suficientemente segura como para salir de su coraza y decírmelo.

Así que no insistí. En vez de ello, *me concentré en aceptar plenamente su respuesta y brindarle seguridad*, para que después de un tiempo se le antojara compartir. Al final, Harville bajó la guardia y pudo identificar y compartir qué necesitaba. Harville me pidió que no le hiciera de comer antes de saber si tenía hambre, y que no le eligiera la ropa que usaría. Quería que estuviera *presente* para él desde el punto de vista emocional. Quería que lo *escuchara*.

La idea de "estar presente" le puede sonar fácil. Significa darle toda su atención a su pareja en una forma afectuosa y con el corazón abierto: implica escuchar en realidad lo que el otro piensa y siente. El hecho de que alguien esté en la misma habitación que usted, incluso si lo está mirando, no significa que esté presente.

Estar realmente presente con alguien es un verdadero regalo. Y vaya que me fue difícil. Cuando fui pequeña, ninguno de mis padres estuvo presente para mí. Estar presente para Harville significaba que tenía que bajar mi velocidad y estar dispuesta a escuchar más los pensamientos que expresara.

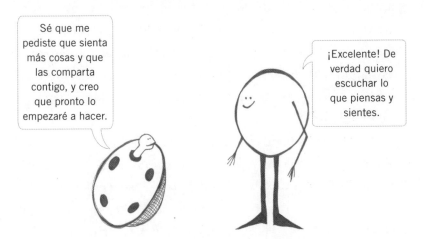

¿Recuerda cuando Harville confesó que aprender a ser una tormenta de granizo era complicado? Así es como fue el progreso: yo regañaba un poco a Harville por ser como un robot. (De acuerdo, ¡lo molestaba MUCHO!) Me di cuenta de que *ese* método no nos llevaba a ninguna parte. Así que bajé la velocidad. En lugar de ACTUAR y HACER constantemente, me concentré en desarrollar paz interna y un silencio más profundo dentro de mí misma.

Y luego, ¡sorpresa! Un día Harville salió de su caparazón. Empezó a expresar sus sentimientos tal y como yo le había pedido. Pero ante mi asombro (¡y horror!), los sentimientos eran enojo y resentimiento. "¡Caray!", pensé. "Tal vez no fue tan buena idea pedirle que sintiera, después de todo…"

Luego recordé que mucho del enojo de Harville tenía que ver con su niñez. Eso me calmó lo suficiente como para simplemente aceptar sus sentimientos. Mi crecimiento, yo lo sabía, tenía que ver con aprender a estar quieta (como una tortuga). Tenía que estar segura, fuerte y calmada en su presencia, incluso si él estaba molesto.

Muy pronto se derritió el enojo de Herville. Lo remplazó la gratitud, por el hecho de que estuviera dispuesta a estar presente con *todos* sus sentimientos sin ponerme a la defensiva. Poco tiempo después, los sentimientos amorosos de Harville aumentaron y se expresaron. (¡Me ruborizo!) Nuestra relación pasó de ser terriblemente tensa a algo que nos proporciona una sensación maravillosa. ¡Fue milagroso!

Por todas mis heridas de la infancia, yo había estado en piloto automático toda mi vida y "*hacía* cosas por los demás". Era EXTENUANTE. Sin embargo, era difícil dejar de "hacer" y sólo escuchar. Pero mientras más me enfocaba en escuchar mejor y en aprender a estar presente ante Harville, me parecía más fácil. Y resultó ser *mucho* más sencillo que averiguar lo que quería y hacer cosas por él sin que siquiera lo pidiera. ¡Fiu! Ahora me podía relajar.

Y también pasó otra cosa milagrosa.

Al aprender a estar presente para Harville, empecé a estar más presente con mis propios sentimientos. El proceso para crear amor real exigió que también me volviera más consciente de mí misma.

Resultó que Harville y yo teníamos exactamente la misma herida: el abandono. Ninguno de nosotros tuvo un cuidador principal que de verdad estuviera presente para nosotros cuando fuimos niños. Simplemente expresábamos nuestras heridas en formas opuestas. Harville enterraba sus sentimientos, lo cual le dificultaba estar presente desde el punto de vista emocional. Y yo me desgastaba al tratar de estar emocionalmente presente para todos.

Éste es el meollo, el reto principal para una pareja comprometida y consciente: necesitamos responder al llamado de convertirnos en el sanador del otro. Significa que debemos evitar a toda costa volver a herirlo, debemos ser sus verdaderos defensores. Sólo pueden hacerlo quienes tienen fuerza de voluntad. Es un arte, un honor, un deber sagrado.

HAY QUE CREAR UN ESPACIO SEGURO

La clave para que ocurra esta transformación es la seguridad. Cuando hablamos de seguridad, nos referimos a dos personas que tienen una relación en la que ninguno se siente dañado, criticado o hecho menos por el otro. Cuando su pareja no se siente a salvo, se pone a la defensiva. Cuando esto sucede, usted puede creer que vive con su pareja, pero en realidad ha estado viviendo con su *actitud defensiva*. Si puede ayudar a que su pareja se sienta a salvo, ¡pronto dejará de estar a la defensiva y saldrá a jugar! Es hasta entonces que podrá hacer el trabajo que necesita realizar.

Es por eso que la seguridad es un tema que aparece a lo largo del libro. **La sanación sólo ocurre en un entorno seguro.** Si no hay seguridad, no habrá sanación.

¿Cómo se logra la seguridad? Tome en cuenta lo siguiente…

Comúnmente se piensa esto sobre las relaciones: cuando una relación está en problemas, se da por hecho que uno o ambos integrantes necesitan "componerse." Así que van al terapeuta. O compran libros para saber cómo arreglar a uno o al otro (y generalmente es al *otro*). La creencia es que cada uno tiene que sanar para poder crear una relación sana.

Harville y yo pusimos esa idea de cabeza. Creemos que si una relación está en problemas, la pareja debe enfocarse en *sanar la relación*. *No* enfocarse en ellos mismos. De hecho, Harville y yo diríamos que **la mejor manera de sanar una relación es no reparar a las dos personas, sino al espacio entre ambas.** Hmmm, interesante…

EL "ESPACIO ENTRE LOS DOS"

¿Qué es el espacio entre los dos? Surgió en el momento en que se comprometieron uno con el otro. Puede pensar que es un campo energético que llena el espacio que hay entre los dos.

Ahora, nos imaginamos que usted puso la misma cara que la que pusieron las parejas en nuestros talleres. Muchos piensan que esto está raro. ¡Otros creen que estamos locos! Y muchos insisten: "No hay nada entre mi pareja y yo, excepto… bueno, AIRE."

Puede parecer como si no hubiera nada entre ustedes. Pero sí lo hay.

Piense en el espacio exterior. Nuestro universo está lleno de estrellas, planetas, meteoros y cometas. ¿Qué existe entre los elementos cósmicos? Espacio. Mucho espacio. Mucho espacio VACÍO. ¿Cierto?

Falso.

Antes pensábamos que el espacio estaba vacío. Pero los astrónomos han demostrado que el espacio entre los planetas no está vacío, sino lleno con atracción gravitacional y campos de energía que los mantienen en sus órbitas.

Lo mismo sucede con el espacio entre los dos. Es un campo de energía cósmica que los apoya en su relación. Así como la física es parte del mundo físico, creemos que hay un tipo de física que gobierna el espacio entre usted y su pareja.

LA FÍSICA DEL ESPACIO ENTRE LOS DOS

Cada palabra, tono de voz o mirada afecta el espacio entre los dos. Incluso la comunicación sin palabras de su lenguaje corporal (conocido como comunicación no verbal) contribuye a este campo de energía.

Hay veces en que usted y su pareja se sienten aceptados el uno por el otro. Es seguro respirar este aire. Son las ocasiones en que el espacio está lleno de amor.

También hay veces en que las cosas están tensas. El aire se siente pesado y usted juzgado. Lo rodea la tensión. En esos momentos, el espacio está lleno de conflicto. El estado del espacio determina qué tan seguros se sienten usted y su pareja en presencia del otro. Así que les vamos a dar lo que mi instructor de yoga llama un "mantra", una frase que queremos que repita una y otra vez. Péguela en cada espejo de su casa. Dígala diez veces durante el día.

¿Está listo?

Aquí va: ¡**No hay vergüenza, culpa ni crítica en el espacio entre nosotros**!

La crítica, la culpa y la vergüenza son como toxinas. Actúan como si fueran un ácido en el espacio entre los dos, pues corroen la conexión con su pareja. Su meta es hacer que el espacio sea seguro. Esto significa amar y sentir empatía el uno por el otro, a pesar de todo. Y sí, ¡nos referimos a TODO! Los sentimientos divertidos y alegres de su pareja *y* los que no son tan divertidos. Fue sorprendente cuando Harville aprendió a hacer esto por mí.

Toda mi vida me habían dado el mensaje de que sólo aquellos que eran dulces y buenos merecían amor. Luego llegué a un punto en que la tensión me convirtió en una verdadera gruñona.

Y Harville realmente se portó bien. En lugar de criticar mi comportamiento, fue una presencia constante y amorosa para mí, su acción resultó ser simplemente maravillosa.

Un día me desperté, me vi y me di cuenta: "Hay tantas maneras que podría explorar para volverme una persona más amorosa. ¡Eso debería ser mi enfoque!" No podría haber llegado a ese punto tan liberador, si Harville me hubiera estado criticando. Fue su presencia amorosa la que me brindó la seguridad necesaria para ver cómo me comportaba en realidad. Cuando dos personas hacen que el espacio entre los dos realmente sea un espacio sagrado, puede darse la sanación.

Al decir espacio sagrado, queremos decir que es absolutamente sagrado. El espacio entre los dos puede parecer aire común. Pero *jamás* lo trate de una manera ordinaria. Su relación necesita ser lo más importante en el mundo para usted. Nunca, nunca, nunca viole el espacio entre los dos con nada que dañe su relación. Piense en ello de verdad como si fuera una tierra santa.

Esto es la acción de construir amor verdadero. Conduce a la auténtica formación de un hogar. Uno que se construye sobre una base sólida de confianza y cariño.

La auténtica formación de un hogar por medio del amor real

¡Y nada de esto hubiera sido posible si no estuviéramos atados a alguien que nos saca de quicio, tal y como lo hicieron nuestros padres!

Todos fuimos heridos por una relación. *Sólo podemos sanar dentro de una relación.* Es por ello que debemos aceptar convertirnos en el sanador del otro.

Y todo depende de lo que usted elija colocar en el espacio que hay entre los dos.

*Verdad número 4: estar presentes el uno
para el otro sana el pasado*

EJERCICIO: LIMPIEN EL ESPACIO ENTRE LOS DOS

Primero:

1. En las ilustraciones de las páginas 182-183, escriba su nombre en uno de los círculos pequeños y el nombre de su pareja en el otro.

2. En el círculo grande de hasta arriba, apunte todos los pensamientos, sentimientos y comportamientos que puedan describir las cosas positivas que hay en el espacio entre los dos, las cosas que son MARAVILLOSAS. Estas cosas son las que brindan seguridad, conexión y/o pasión a su relación, como: respeto, amor, colaborar como padres, noches en las que salen a una cita romántica.

3. En el círculo inferior, apunte todos los pensamientos, sentimientos y comportamientos que puedan describir las cosas negativas del espacio entre los dos, las cosas que son UN RETO. Estas cosas son las que traen duda, falta de conexión y/o molestias a su relación, como: falta de confianza, críticas, falta de intimidad, nada de diversión.

Luego:

Comparta con su pareja cómo contribuye *ella* a lo que es *maravilloso* en su relación. (Por ejemplo: "Lo mejor que aportas a nuestro espacio es…") Después, diga cómo ayuda *usted* a crear los retos. (Por ejemplo: "Creo que contribuyo a crear retos entre nosotros cuando…").

Finalmente:

Exploren ideas de acciones donde ambos puedan incrementar lo maravilloso y retirar los retos para crear seguridad en el espacio de en medio y transformarlo en un espacio sagrado.

<u>Y recuerde:</u>

*Una de las cosas más profundas y bellas acerca
de las relaciones es que se nos haya pedido tomar el papel
de ser el sanador del otro.
¡Esto significa que NO hay vergüenza, culpa o crítica
entre ustedes!*

No importa lo QUE diga, sino CÓMO lo diga

HELEN

Sin embargo, antes de hacernos cargo de la sanación, NECE-SITAMOS aprender otra forma de comunicarnos. ¿Cuál es la forma tradicional? La que los humanos hemos utilizado desde el principio de los tiempos: el monólogo. Y sucede cuando una persona habla sin parar sin dar oportunidad de hablar al otro, o sin ser escuchada.

Cuando ambos integrantes de la pareja lo hacen, se le llama monólogo paralelo. Dos personas hablan. Nadie escucha.

Cuando Harville y yo nos conocimos, ¡nuestra comunicación era un excelente ejemplo de monólogos paralelos! Compartíamos muchos intereses en común. Nuestro noviazgo estuvo lleno de conversación apasionada, emocionante. Pero también tuvimos desacuerdos apasionados. Ambos somos tercos. A los dos nos encanta el debate. Y nos la pasábamos hablando al mismo tiempo, en especial si estábamos en desacuerdo. Al paso del tiempo, esto se volvió muy frustrante para nosotros.

Un día, por fin le dije a Harville: "¿Podríamos turnarnos, por favor?"

Parece que se sorprendió, pero respondió: "Sí, claro, supongo que sí..."

¿El resultado? Juntos creamos lo que después se llamó proceso de diálogo Imago. ¡Es imposible no enamorarse de un hombre que responde a una petición sencilla creando una forma nueva y revolucionaria para comunicarse! ¡Desde el principio me di cuenta de que había razones positivas para salir con un terapeuta especializado en relaciones!

En cuanto al tema del habla, nuestra cultura recompensa a quienes se animan a hablar. Casi todas las escuelas tienen un club de debate. Reciben halagos los que pueden hablar de manera clara y persuasiva. La mayoría de las personas que reciben ascensos en su vida saben expresarse bien.

Si algo nos está preocupando, nos dicen que debemos hablar sobre ello. La psicología, de hecho, originalmente se llamaba "la cura del habla". Y, en cierto sentido, la raíz de la sanación requiere que dos personas hablen. Lo que la mayoría de la gente desconoce es que lo relevante no es que se haga, sino CÓMO se hace. Y se olvida otro pequeño detalle: cuando uno habla, el otro necesita ESCUCHAR REALMENTE.

Nuestra cultura no recompensa a la gente por escuchar. Así que, incluso en los mejores tiempos, ejercitamos poco nuestras habilidades para escuchar. Y durante los peores momentos, como cuando estamos atrapados en una lucha de poder... ¡olvídelo! Sólo sucede una lucha por ver quién puede exigir con más fuerza lo que quiere (la tormenta de granizo) y/o quién puede callarse y hacerle más tiempo la ley del hielo a su pareja (tortuga).

Durante la lucha de poder, la capacidad de escuchar
sale volando por la ventana

La lucha de poder rompe la conexión, el diálogo cambia todo eso, sostiene y profundiza la conexión. **El diálogo es una manera estructurada de hablar y escuchar que crea una conexión entre usted y su pareja. Esta conexión es la que le permite sanar sus heridas de la infancia.** Se siente incómodo al principio. Pero el proceso lo apoya a usted y a su pareja conforme identifican las necesidades del otro y aprenden a cumplirlas.

A usted le enseñaron la clave del diálogo en preescolar: 1) espere su turno y 2) no interrumpa. Uno de ustedes habla mientras el otro escucha. Luego, se intercambia. Suena sencillo, pero es tan distinto a lo que la mayoría de la gente hace, que es importante practicarlo.

El diálogo efectivo tiene tres requisitos: ser un espejo, validar y mostrar empatía. Antes de empezar, usted y su pareja deben decidir quién será el emisor (el que habla) y quién el receptor (el que escucha). Dado que el emisor quiere la atención completa del receptor, es recomendable hacer una cita. Pregunte: "¿Tienes tiempo de hacer el proceso del diálogo?"

Sabemos que suena rígido y un poco raro hablar de esta manera con su pareja. Pero hay un motivo por el que sugerimos usar esas palabras exactas. Conforme usted y su pareja se sientan más cómodos con el diálogo, esta pregunta por sí sola le dará a entender a su pareja que es momento de estar más centrada y mostrar una intención (es decir, estar lista para el diálogo).

Cuando le pida a su pareja un diálogo Imago, ella puede negarse si se le complica el horario. Pero tiene que dar seguimiento; aunque en ese momento no pueda, sugiera una hora alterna.

Si el receptor está listo en ese momento, dirá que sí. Al decir que está "listo", nos referimos a que el receptor siente que puede acercarse con atención y cariño a lo que diga el emisor.

Es desde este espacio de respeto que ambos deben iniciar el diálogo.

Para aprender el proceso del diálogo, sugerimos que usted y su pareja empiecen a compartir lo que aprecian el uno del otro. Le llamamos "mostrar aprecio". Hacerlo en nuestra relación ha sido mágico. Nos mostramos aprecio mutuamente cada día, y los animamos a hacer lo mismo. Una vez que se sientan cómodos con el diálogo y el aprecio, estarán listos para usar este proceso con problemas más difíciles. A continuación, presentamos una explicación de los tres requisitos.

UNO: SER UN ESPEJO

El emisor inicia al mandar un mensaje. Y lo hace con la **responsabilidad del emisor**. Esto es, necesita transmitir su mensaje con claridad y bondad. Hacerlo incrementa las posibilidades de que su pareja lo escuche. El receptor entonces se porta como un espejo, es decir, repite lo que escuchó, con las palabras exactas utilizadas por el emisor.

Por ejemplo, si el emisor dice: "Quiero compartirte algo que hiciste recientemente y que de verdad agradecí. Llegaste justo a tiempo a nuestra cita del viernes pasado. Eso significó mucho para mí, me hizo saber que nuestro tiempo compartido es importante para ti." El receptor tendría que responder: "**Déjame ver si entendí.** Hice algo que en realidad me agradeces. Llegué justo a tiempo a nuestra cita del viernes. Eso significó mucho para ti porque te permitió ver que nuestro tiempo compartido es importante para mí. ¿**Entendí bien?**"

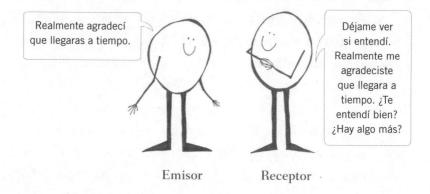

Realmente agradecí que llegaras a tiempo.

Déjame ver si entendí. Realmente me agradeciste que llegara a tiempo. ¿Te entendí bien? ¿Hay algo más?

Emisor   Receptor

"**Déjame ver si entendí**" y "¿**Entendí bien?**" son frases clave. Usted quiere asegurarse de ser muy claro respecto a lo que su pareja dijo. No edite sus palabras. No responda con sus propias reacciones. Incluso si llega a decir algo equivocado, por ejemplo, si en realidad salieron el sábado en lugar del viernes, *ni lo mencione.* Esos datos tan específicos no importan. Su trabajo principal es hacer que el emisor sienta que acepta sus palabras.

Si esto le parece incómodo al principio, no se preocupe. A mucha gente le sucede. Después de practicar, sin embargo, pasa algo hermoso. Su pareja se sentirá profundamente conmovida al experimentar que refleja sus palabras.

Después de que el emisor confirma que el receptor se portó como espejo de manera precisa, el receptor pregunta: "¿**Hay algo más?**" ¡Su pareja estará muy sorprendida! Probablemente jamás haya escuchado esta pregunta antes. Por el contrario, quizá toda su vida le han dicho algo como: "¿Es todo?"

Así que el receptor hace la pregunta mágica: "¿Hay algo más?" Y el emisor puede responder con algo como: "Bueno, sí, simplemente quiero que entiendas cuánto me conmueve. Mi mamá y mi papá estaban muy ocupados. Y cuando iban a una reunión que para mí era especial, por lo general llegaban tarde. Nunca podía contar con ellos. Me decepcionaron mucho. Sé que estás ocupado. Los dos lo estamos. Yo hago mi mejor esfuerzo por proteger ese tiempo especial que pasamos juntos, y de verdad agradezco cuando también lo haces. Me hace sentir querida, en lugar de sentirme decepcionada, como me pasaba cuando era niña."

Asegúrese de usar la frase "**¿Hay algo más?**" En verdad es mágica, demuestra que tiene curiosidad. Y hace que su pareja se sienta a salvo. Mientras más a salvo se sienta, más dispuesta estará a compartir cosas mucho más profundas con usted. Una vez que el emisor comparte, el receptor se porta como un espejo ante la respuesta que dé el emisor a la pregunta "¿Hay algo más?"

Cuando el emisor dice que siente que el otro se ha portado como un espejo, ¡felicidades! Cubrió el primer requisito del proceso de diálogo Imago.

DOS: VALIDAR

El receptor ahora valida las palabras del emisor. Validar significa "entender" el punto de vista de su pareja. El receptor lo logra al decir con sinceridad: "**Lo que dices tiene sentido.**"

Eso no significa que usted, como receptor, necesariamente esté de acuerdo con lo que dijo su pareja (aunque quizá lo esté). *Estar de acuerdo no es la meta.* Lo que toda la gente dice tiene sentido desde su perspectiva. ¡Sólo que todos tenemos una perspectiva distinta! Y cuando usted se tome el tiempo de ver las cosas desde el punto de vista de su pareja, notará que *lo que dice sí tiene sentido.*

Esto es un paso importante. Las palabras no pueden ser dichas de manera mecánica. El emisor necesita sentir que usted, el receptor, está siendo sincero al indicar: "Lo que dices tiene sentido." Cuando, como receptor, valida a su pareja, le dice: "Tienes derecho a sentirte y a pensar tal y como lo haces." Dado que está casado con ella, ¡su pareja sí tiene ese derecho!

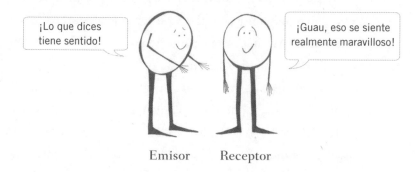

Emisor   Receptor

Lo maravilloso de eso es que su pareja pronto estará en el asiento del receptor. ¡Esto significa que estará entrando al mundo de *usted* y comportándose como espejo, validándolo y sintiendo empatía con *su* punto de vista!

La mayoría creemos que nuestra manera de hacer las cosas es la correcta, ¡y estamos dispuestos a pelear hasta la muerte para demostrarlo! El problema con esto es que *sí* causa la muerte: mata la conexión con su pareja. Con regularidad le preguntamos a las parejas: "¿Quieren tener la razón o quieren tener una relación romántica?" Porque no siempre es posible tener las dos cosas. No es posible acurrucarse y relajarse al lado de "la razón" tras un día largo.

TRES: MOSTRAR EMPATÍA

Ahora es momento de que el receptor muestre empatía por el emisor al mencionar una palabra o dos que piense que pudiera describir el estado emocional del emisor. Al hacerlo, recuerde que hay cuatro sentimientos principales: alegre, enojado, triste y asustado. Todos los demás son variaciones de éstos, así que no es necesario ponerse elegante y echar mano de un diccionario de sinónimos. Sólo mencione un sentimiento simple. Y luego pregúntele a su pareja si ubicó correctamente su sentimiento.

Por ejemplo, el receptor puede decir: "Por lo decepcionada que te sentías al ver que tus padres con frecuencia llegaban tarde cuando eras pequeña, me imagino que te da alegría que yo llegue a tiempo, y me lo agradeces. ¿Es eso lo que estás sintiendo?" Y si el receptor lo interpretó correctamente, el emisor dirá: "Sí, ¡exactamente así es!"

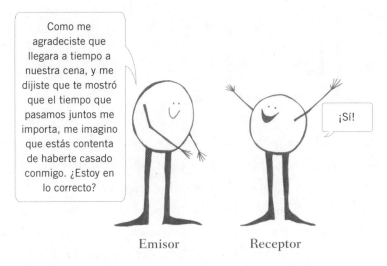

Emisor   Receptor

¿Empieza a ver cómo funciona esto? El punto que hay que recordar es: **ambos tienen heridas de la infancia, y el propósito del matrimonio es sanarlas.**

A través del diálogo, cobramos conciencia de recuerdos y sentimientos dolorosos que tenemos profundamente enterrados. Volver a experimentarlos con una pareja amorosa que nos pueda escuchar y mostrar empatía nos ayuda a sanar. Hace una gran diferencia notar que alguien nos escucha con empatía y no nos juzga.

PERO ¿QUIÉN TIENE TIEMPO?

El diálogo al principio se puede sentir un poco incómodo y formal o como si requiriera de mucho tiempo.

El asunto es que el diálogo no se supone que deba ser veloz. Para descubrir quién es nuestra pareja en realidad, y las formas en las que nosotros mismos fuimos heridos, debemos reducir la velocidad. La intención del diálogo, de hecho, es *bajar la velocidad*.

Ya sé, pero se supone que tenemos que bajar la velocidad...

El diálogo puede ser frustrante al principio, pues le debe explicar a su pareja cómo se siente *usted*. Y estará escuchando cómo se siente *ella*. Y estará tratando de averiguar *cuáles* son sus necesidades. Pero mientras lucha por seguir los pasos correctamente, sucede algo. Es como si una puerta se abriera en su relación. Puede sentir como si el sol atravesara las nubes. Sus miedos disminuyen y empieza a sentirse conectado. Alcanza el punto en que podría estar completamente en desacuerdo con algo que su pareja piense o sienta. Pero gracias a esta apertura y empatía, usted llega a entenderlo —y a entenderla— de manera más profunda. Empieza a experimentar su relación como algo maravilloso y plenamente satisfactorio.

Y si esto no es un incentivo lo suficientemente bueno para seguir adelante con el diálogo, piense en la alternativa… ¿Cuánto tiempo toma tener una discusión? ¿Y después cuánto tiempo toma recuperarse?

Comparado con eso, ¡el diálogo casi ni toma tiempo!

Así que decida cómo quiere pasar el tiempo con su pareja.

¿Discutiendo o dialogando?

Portarse como un espejo tiene que ver con establecer contacto con su pareja. Validar desarrolla la conexión. Y mostrar empatía lo lleva hacia la comunión. Esto es el acto de transformar su relación en un espacio sagrado.

Verdad número 5: no importa lo QUE diga,
sino CÓMO lo diga

EJERCICIO: EL PROCESO DE DIÁLOGO IMAGO

Primero:

1. Decidan quién será el receptor y quien será el emisor.

2. El emisor elegirá un tema. Sugerimos que empiece con algo positivo, como mostrar aprecio por las actitudes o acciones de su pareja o compartir algo sobre su día de trabajo.

3. Para empezar, el emisor le pide una cita al receptor al decir: "¿Tienes tiempo para un diálogo Imago?"

     Y entren a **www.MakingMarriageSimple.com** *para obtener ejemplos en video y otras herramientas.*

Uno: ser como un espejo

El emisor expresa su mensaje, tomando en cuenta la responsabilidad del emisor.

El receptor SÓLO refleja lo que el emisor dijo con el siguiente lenguaje: "Déjame ver si entendí. Tú dijiste: *(decir aquí exactamente lo que su pareja dijo)*. ¿Entendí bien?"

Una vez que el emisor confirma que el receptor entendió, el receptor pregunta: "¿Hay algo más?"

El receptor sigue comportándose como espejo hasta que el emisor se sienta plenamente escuchado.

Dos: validar

El receptor valida el punto de vista del emisor con reconocerlo: "Lo que dices tiene sentido." Y recuerde, la meta no es estar de acuerdo.

Tres: mostrar empatía

Como receptor, trate de entender los sentimientos detrás del asunto que el emisor haya compartido. Recuerde, hay cuatro sentimientos principales: enojado, triste, alegre y asustado.

Así que para mostrar empatía, el receptor dice algo como "dado que *(indique una vez más lo que dijo su pareja en cuanto al tema)*, me imagino que te sientes *(usar una o dos palabras que pudieran describir el estado emocional de su pareja)*."

Luego, para corroborar, pregunte: "¿Es eso lo que sientes?"

Si el emisor dice: "No, en realidad siento X", el receptor refleja como espejo lo que el emisor diga.

Una vez que el emisor indique que el receptor entendió cómo se siente, pueden cambiar los papeles. El emisor se vuelve el receptor y el receptor se vuelve el emisor.

¡La clave para el diálogo es practicar, practicar y practicar!

Luego:

Siga practicando el diálogo. Le recomendamos dedicar tiempo a hacer diálogos completos, y *también* puede practicar en cualquier momento del día. ¡Ayuda a entrenar al cerebro! Por ejemplo:

- "Si te escuché correctamente, me dijiste que te pasara la sal. ¿Te entendí bien?" (Ser como un espejo.)
- "¿Hay algo más que quieras decir acerca de eso?"
- "Entonces acabas de decir que prefieres que yo no haga un tiradero justo después de que te esforzaste tanto en limpiar la cocina. Lo que dices tiene sentido." (Validar.)

- "¡Guau!, ¿tu jefe te dijo eso? Me imagino que te sentiste muy contenta y orgullosa. ¿Entendí correctamente?" (Mostrar empatía.)

Cada interacción es una oportunidad para traer un diálogo a sus vidas. ¡Diviértanse con esto!

Y recuerde:

Durante el diálogo, lograr que ambos estén de acuerdo no es la meta. La meta es escucharse, realmente, el uno al otro.

VERDAD NÚMERO 6

La negatividad es abuso invisible

Helen

El asunto, entonces, es que la clase de comunicación de la que hablamos no puede darse dentro de una relación donde domina la negatividad.

En el tiempo en que nuestro matrimonio se tambaleaba entre la posibilidad de renovarse y la necesidad de divorciarse, Harville y yo visitamos una librería. Por impulso, tomamos un libro de astrología sobre relaciones. Al abrirlo en la página que explicaba cómo interactuaban nuestras fechas de nacimiento, leímos: "**Destruirán su relación a menos que terminen con su mutuo escrutinio negativo.**" Nos quedamos asombrados. ¿*Cómo* era que el autor nos conocía tan bien?

Eso daba en el clavo de nuestro problema. ¡Y ni siquiera le tuvimos que pagar a un terapeuta!

Nuestra definición de **negatividad** incluye cualquier palabra, tono de voz, expresión facial (como voltear la mirada hacia arriba) o comportamiento que su pareja diga qué le parece negativo.

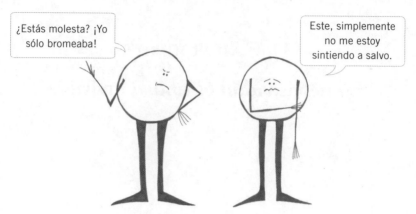

Nuestra pareja decide cuándo es que estamos
siendo negativos

Sí, su pareja decide si usted está siendo negativo o no. Usted puede decir que sólo bromea. Pero si no le parece bien a su pareja, necesita DEJAR DE HACERLO. La negatividad hace que su pareja se sienta insegura. Sin una sensación de seguridad en su relación, su pareja jamás crecerá. Y su relación jamás se transformará.

Harville y yo encontramos que hacíamos tres cosas clave que nos llevaban a la negatividad. Pronto descubrimos que eran las mismas cosas que hacían las personas que iban a nuestros talleres. Son: 1) pensamiento crítico; 2) competencia y 3) Dios nos libre, "crítica constructiva".

PENSAMIENTO CRÍTICO

En muchos sentidos, el pensamiento crítico nos ayuda. Es lo que usamos para asegurarnos de salir por la puerta con calcetines que hagan juego. Nos recuerda que debemos revisar que no tengamos papel higiénico pegado a nuestro zapato al salir del baño. ¿A quién no le gustaría pensar de manera crítica al manejar? Nos ayuda a anticiparnos a lo que otros conductores pudieran hacer. Sin él, ¿quién sabe cuántos accidentes tendríamos?

En nuestra sociedad, incluso nos RECOMPENSAN por el pensamiento crítico. Los maestros adoran a los alumnos que critican sus trabajos antes de entregarlos. Harville y yo sabemos esto muy bien, porque ambos somos profesores capacitados. Los jefes adoran a los empleados con pensamiento crítico porque esto les ayuda a identificar maneras en las que algo se puede méjorar. Si usted utiliza algo de pensamiento crítico en el trabajo, notará que aparece bajo el rubro de "fortaleza" en su reporte de desempeño.

El pensamiento crítico es útil en ciertos lugares, pero su matrimonio NO es uno de ellos. Generalmente somos muy críticos con nuestra pareja cuando no actúa o reacciona en la forma en que *nosotros* creemos que *debería* hacerlo.

Y esto aniquila a su pareja. Así que en nuestros talleres, le decimos a nuestras parejas: su pareja NO es usted.

Porque cuando usted critica la forma en que su pareja actúa o reacciona, **en realidad le molesta que ella no sea usted**.

Cuando me sentía muy sensible, Harville criticaba mucho lo difícil que era para mí explicar mis sentimientos con claridad. Simplemente, se molestaba porque estuviera molesta. Y para poder aclarar mis pensamientos —para que pudiera ser más lineal y concisa en mi comunicación— me aconsejaba. Lo hacía *justo en el instante en que me sentía mal*. Lo último que necesitaba era un entrenador de comunicación.

Finalmente, comprendió que se molestaba conmigo por no ser más como la tortuga (es decir, más similar a *él*). Las parejas hacen esto todo el tiempo.

Para derribar este escenario de destrucción mutua, debe aceptar que son dos personas distintas, con preferencias y maneras diferentes de hacer las cosas. Desafortunadamente, el hecho de tener diferencias hace que surja la…

COMPETENCIA

Superficialmente. Harville y yo parecemos muy tranquilos y relajados. Pero si rasca la superficie aunque sea un poco, descubrirá la oscura verdad: ¡ambos somos tercos como mulas! Sinceramente, no creo que pudiera encontrar un par más necio y competitivo que nosotros.

En nuestra defensa, enfrentémoslo: la naturaleza humana es competir. En nuestra cultura cualquiera que hable de manera más convincente o se salga con la suya es el "mero mero". Para ganar este juego, a todos nos han enseñado que debemos exigir nuestros derechos y defender nuestras opiniones.

Hay lugares donde la competencia es bienvenida, pero en su matrimonio NO.

La forma obvia en que las parejas compiten es cuando uno asegura tener la "razón" (o sea, asegura que es superior) y que el otro está "equivocado" (o sea, que es inferior).

Pero he aquí un giro interesante vinculado con la competencia y que la mayoría de la gente no considera...

También pueden competir por ser el *peor*.

¿Cómo sería esto? ¡Por supuesto que Harville y yo también tenemos un ejemplo!

Después de descubrir que nuestras heridas de la infancia desempeñan un papel tan trascendental en nuestras vidas y nuestras relaciones, adivine qué hicimos. ¡Sí! Empezamos a competir para determinar cuál de los dos tuvo una época peor. ¿Lo puede creer?

Allí estábamos, hurgando en los pequeños y grandes traumas de la niñez. Cada uno trataba de demostrar que tuvo que sobreponerse a MÁS cosas. Y debo advertirle algo en este instante: no trate de meterse en este juego con alguien que perdió a sus padres a una edad temprana. Porque, sinceramente, casi nada lo puede superar.

Afortunadamente, Harville y yo hace mucho tiempo comprendimos que, cuando el amor romántico atrapa a dos personas en su red, se asegura de elegir a dos que tienen más o menos la misma cantidad de trabajo por hacer. Lo que significa que usted y su pareja están heridos al mismo nivel. Así que pueden terminar esa competencia de ver a quién le fue peor y enfocarse en ayudar a sanar al otro.

Lo principal es esto: cuando se siente superior a su pareja (ya sea porque cree ser mejor o porque siente que no le fue tan mal a ella como a usted), es una señal inequívoca de estar compitiendo.

CRÍTICA CONSTRUCTIVA

Le apuesto a que se pregunta cómo es que la "crítica constructiva" se puede considerar algo negativo. Quizá piense: "Mi pareja necesita mi AYUDA, mi **análisis profundo.**" Me da tristeza confesar que antes sentía lo mismo. En los primeros años de nuestro matrimonio, uno de mis pasatiempos favoritos era ofrecerle a Harvill mi crítica constructiva tan "útil".

Por supuesto, quería ser tan clara y detallada como fuera posible. Eso me obligaba a cuidar hasta los detalles más pequeños. De modo que hacía listas. Si él elegía un color de camisa que lo hacía verse pálido, yo lo ponía en la lista. Si se le olvidaba hacer algo en la casa, también quedaba en la lista. ¿Tenía espinaca atorada entre los dientes? Iba en la lista. Si estaba siendo terco respecto a algo, sí, usted adivinó. Iba-en-la-lista.

Ahora, por favor, comprenda, yo no me estaba *quejando*. Estaba AYUDANDO. Después de todo, ¿a quién no le gusta recibir consejos para convertirse en una mejor persona? Además, yo estaba dispuesta a ofrecerle a Harville mi sabiduría **gratis**. Sin embargo, a pesar de mi "generosidad", cada día Harville parecía estar más infeliz con nuestro matrimonio.

Los resultados fueron bastante malos. Aunque la crítica constructiva es apropiada en ciertos lugares, los brazos cariñosos de su matrimonio NO son el lugar apropiado (¡sí, lo adivinó!).

Permítanos asegurárselo. Hay bastantes personas —hermanos, jefes, amigos, hijos, padres— que están preparados y listos para hacerle crítica constructiva a su pareja. Usted no necesita ser una más de ellas. Su pareja lucha no sólo contra su infancia, sino con problemas cotidianos. Necesita apoyo y eso es lo que usted debe ser.

¡EVÍTELA DE UNA VEZ POR TODAS!

Lo único que nuestra negatividad logró fue esto: Harville y yo nos sentimos atacados el uno por el otro. ¿Y cómo responde uno cuando es atacado? Se pone a la defensiva y contraataca.

Cuando descubrimos cuán destructivo era este patrón, supimos que necesitábamos eliminar la negatividad de nuestras vidas. Así que nos volvimos "perros guardianes contra la negatividad".

Para ponerlo claramente: **la negatividad es abuso invisible y debe detenerse.**

Después de todo, ninguna relación puede crecer ni profundizarse con negatividad.

Confesamos que es más fácil decirlo que hacerlo. Fueron decepcionantes los resultados de cuidarnos contra la negatividad como si fuéramos perros guardianes. Harville y yo comprendimos que hasta nuestras pequeñas conversaciones contenían negatividad. Yo compartía algo que sucedía en el trabajo y Harville aplicaba su pensamiento crítico y me aconsejaba cómo ser más concisa. Empezábamos a discutir. Él me compartía algo acerca de algún proyecto relacionado con el hogar que tuviera en mente. Y yo lo interrumpía porque estaba segura de saber cómo él prefería que se realizara. Empezamos a discutir. ¡Ni siquiera hablar de lo que íbamos a preparar para la cena era un tema seguro! Uno sugeriría pollo a la barbacoa y verduras, y luego empezábamos a discutir si cocinaríamos las verduras (mi estilo preferido) o las mantendríamos crudas (como las prefiere Harville). Era una locura.

Decidimos encontrar una cura para esto.

Y cuando lo hicimos, ¡nos encantó lo sencilla que resultó!

Un día, colgamos un calendario en el espejo de nuestro baño. Al final del día, dibujamos una cara sonriente o una cara triste en el espacio correspondiente a ese día.

Una cara triste significaba que uno o ambos habíamos sido negativos. Una cara feliz significaba que los dos pasamos el día entero sin ser negativos. Sí, Harville y yo —quienes tenemos cuatro títulos académicos y diez libros publicados— tuvimos que recurrir a caritas felices o tristes en un calendario para romper nuestra adicción a la negatividad. ¿Y qué cree? ¡Funcionó!

Estábamos muy molestos por todas las caras tristes que vimos *día tras día*, **semana tras semana**, MES tras MES. L-e-n-t-a-m-e-n-t-e cesaron **todos** los comentarios negativos.

Sí, *todos*. ¡Finalmente lo hicimos!

Estábamos fascinados con nuestro logro.

Luego surgió un problema nuevo…

De repente, todo estaba TAN callado…

Daba pena confesarlo.

Pero no sabíamos cómo hablar el uno con el otro sin ser negativos…

MOSTRAR APRECIO

Así que diseñamos otro ejercicio, uno que nos pudiera ayudar a enfocarnos en lo que realmente nos *gustaba* del otro. La energía va hacia dónde está la atención. Sabíamos que **cuando éramos negativos, creábamos más negatividad**. ¿Qué pasaría si inundábamos al otro con comentarios positivos?

Al enfocarnos en lo que *sí* funcionaba, notamos que gradualmente descubrimos más y más aspectos positivos. Para acelerar el proceso, nos comprometimos a compartir tres cosas que apreciáramos el uno del otro al término de cada día. Cada noche teníamos que pensar en tres cosas nuevas; *no se permitía repetir*.

Esto fue bastante difícil al principio.

Nuestras mentes no tenían la costumbre de fijarse en lo positivo (y las mentes en general tienden a enfocarse en lo negativo). Así que empezar esta práctica fue en realidad complejo. Nos exigió ponerle atención a lo que *disfrutábamos* el uno del otro.

Hacer una lista de nuestros problemas había sido fácil. Por el contrario, era difícil mostrar nuestro aprecio. Las conversaciones estaban llenas de pausas incómodas.

Pero continuamos, y con esto demostramos que ser tercos como una mula puede, de vez en cuando, ser *útil*. Y empezó a ser un poquito más fácil mostrar aprecio.

Te agradecí que llamaras por teléfono hoy, Harville.

Agradecí las ideas que me ofreciste para mi presentación, Helen.

Con el paso del tiempo, cesaron los comentarios negativos que había en nuestras mentes. Y todo fue porque nos estábamos mirando el uno al otro desde la perspectiva de las cosas que agradecíamos, de modo que pudimos *vernos el uno al otro de una manera distinta*. Por fin, cada uno de nosotros redescubrió que estábamos casados con una persona maravillosa, algo que hace mucho supimos, pero que se nos había olvidado.

Nuestro **ritual de aprecio** creó un nivel de seguridad emocional que no habíamos experimentado antes. Nos enamoramos de nuevo, a un nivel más profundo y maravilloso.

LO MARAVILLOSO QUE ES TODO ESTO

Luego hicimos otro descubrimiento. **La manera más sencilla de apagar la negatividad es dejar de hacer juicios y mostrar curiosidad.** Este simple cambio en la actitud tiene el poder de regresarle la magia a su relación.

¿Por qué su pareja piensa así? ¿Por qué se siente como se siente? ¿Se lo ha preguntado recientemente?

Creí conocer bien a Harville. De hecho, si lo recuerda, creí conocerlo *mejor* de lo que él se conocía a sí mismo. Esto no benefició nuestra relación, así que traté de dejar de juzgar y empezar a mostrar curiosidad. Una de las cosas que juzgaba duramente era que a Harville le encantara el programa *Star Trek*. Yo simplemente no lo entendía. ¿*Star Trek*? Harville es muy inteligente. Discúlpenme, fans de *Star Trek*, pero yo no podía entender cómo era que un programa tan fantasioso y poco realista lo atrajera tanto...

Pero decidí mostrar curiosidad...

Así que respiré profundo y dejé de lado mi costumbre de juzgar. Y de hecho me puse a ver algunos episodios con él.

En primera, a Harville le fascinó que lo acompañara en el sillón (¡y acurrucarme con él fue muy, muy bonito!). Y luego me di cuenta de que *Star Trek* aborda algunas ideas sociales y culturales complejas. ¡Qué sorpresa! Ahora respeto por completo el hecho de que lo disfrute, y ya no me incomoda que mencione *Star Trek* cuando salimos con amigos. Incluso he notado que mi maravilloso esposo es similar a los capitanes James T. Kirk y Jean-Luc Picard. Harville en realidad va a donde nadie ha ido antes. Él está ahí, explorando su propia versión del "espacio exterior", el espacio que hay entre dos personas enamoradas.

Y sólo requirió que yo mostrara tantita curiosidad.

Una vez que lo pruebe, se sorprenderá de ver lo fácil que es realizar este cambio.

Cuando esté con su pareja, imagine que visita otro país. Esté abierto a nuevas ideas y perspectivas. Permítase disfrutar los diferentes paisajes, comidas, lenguaje y costumbres. No tiene que estar de acuerdo con los sentimientos ni las decisiones de su pareja. Sólo tenga curiosidad y mantenga la mente abierta, para que pueda descubrir el misterio que la hace única.

UNA VEZ MÁS, CREE UN ESPACIO SEGURO

¿Recuerda que insistimos en la importancia de la seguridad en la Verdad número 4? **Su trabajo es ser una fuente de seguridad para su pareja.**

Cuando su pareja no se siente a salvo, se pone a la defensiva.

Cuando su pareja se siente a salvo, baja la guardia.

Créanos cuando le decimos que su pareja quiere ser una buena pareja para usted. Quiere ser su héroe o su heroína. Sabemos que ambos auténticamente quieren que el otro esté feliz. Pero primero tienen que dejar de ser negativos. Actúen con base en esta decisión y **todo** cambiará. Cuando decimos todo, queremos decir TODO.

Al igual que muchas de las ideas en este libro, este cambio por sí solo tendrá un impacto profundo no sólo en su relación de pareja, sino en todas sus demás relaciones. Elimine el abuso invisible de la negatividad con su pareja y desaparecerá de su relación con sus hijos, amigos y el mundo en general. Puede que la gente no se dé cuenta de qué fue lo que cambió, pero notará el cambio, y estará **agradecida** por ello.

Verdad número 6: la negatividad es abuso invisible

EJERCICIO: RITUALES DE AGRADECIMIENTO

Primero:

Haga una lista de las características físicas de su pareja, sus características de personalidad, sus comportamientos y afirmaciones globales (por ejemplo, que es magnífica, cariñosa, fantástica) que usted agradece, ama, admira y valora. ("¡Te lo agradezco!", en la página 187 hay una tabla y algunos ejemplos.)

Luego:

Al terminar cada día, antes de dormir, compartan tres cosas que uno aprecia acerca del otro. Y comprométanse a hacer este ritual de agradecimiento durante el resto de su programa de ejercicios —ya sea que esté realizando uno de los programas de muestra que ofrecemos al final, o algún programa que usted mismo desarrolle— durante los días en los que no tengan que hacer algún otro ejercicio.

Recuerde, *no se vale repetir.* Puede empezar con los agradecimientos de su lista. Pero también póngale atención a su pareja todos los días desde el punto de vista de lo que usted aprecia de ella. La intención de este ejercicio es transportar su atención de lo que no le gusta hacia lo que sí le agrada. Conforme cambie su enfoque, los dos verán más y más cosas que les gustan, cada uno estará inspirado para hacer más por su relación.

Una vez que haya completado su programa de ejercicios, puede seguir brindando agradecimiento. ¿Por qué no? Se siente maravilloso, ¿o no?

<u>Y recuerde</u>:

La energía va hacia donde está la atención.
Mientras más se enfoque en lo bueno, habrá más cosas
buenas en qué enfocarse.

La negatividad es un deseo disfrazado

HARVILLE

Ahora puede ser que se pregunte: ¿Debo ignorar *todos* los problemas que tengo con mi pareja? Permítanos explicarle. No es que tenga que aceptar pasivamente los malos comportamientos de su pareja. No estamos insinuando que necesite ocultar sus sentimientos.

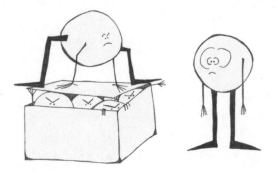

¿Frustraciones? ¿Cuáles frustraciones?

Porque sin importar qué tan bueno crea que es para ocultarlos, sus sentimientos negativos no desaparecerán por completo.

Más bien, necesita reconocer que detrás de cada pensamiento negativo hay un deseo no cumplido.

La negatividad es un deseo disfrazado.

Es un deseo no cumplido.

DÍGALO PARA QUE SU PAREJA LO PUEDA ESCUCHAR

Si está frustrado por el comportamiento de su pareja, usted quiere que cambie ¡pronto! Pero eso sólo pasará si ella *quiere* cambiar. Y su disposición al cambio depende completamente de CÓMO aborde usted ciertos temas. **En lugar de quejarse, tiene que expresar su deseo como si fuera una solicitud.** Y debe comunicar su frustración brevemente, utilizando la **responsabilidad del emisor.** Como emisor, **usted es responsable por hablar de una forma que incremente la probabilidad de que su pareja pueda escuchar.** He aquí algunos consejos:

1. Use frases que incluyan la palabra "yo" ("Yo me siento sola") en vez de frases que incluyan la palabra "tú" ("Tú nunca estás en casa"). Las que llevan "tú" parecen criticar, ¡de hecho, lo hacen! Las que llevan "yo", por el contrario, animan a su pareja a entender cómo se siente usted.

2. Sea breve y claro. Hablar de más lo pone en riesgo de inundar a su pareja con más palabras y emociones de las que puede manejar. Usar demasiadas palabras es un problema tanto de tortugas como de tormentas de granizo. Inundar a su pareja hace que se sienta atacada. Se pone a la defensiva. Entonces *usted* se siente víctima, pues parece que ella *nunca* cambiará. ¡Vaya círculo vicioso!

3. Usted quiere que su pareja responda, así que elija una sola frustración cada vez y exprésela en forma breve. Si ella necesita más información, créame, se lo hará saber.

4. Acérquese a su pareja cuando se sienta calmado. Pregúntele a cualquier experto en comunicación y le dirá que más de 90 por ciento de la forma en que alguien interpreta lo que dice, tiene que ver *con la forma* en que lo comunica. Así que ponga atención a cualquier gesto no verbal que pudiera estar mostrando, como su tono de voz, su mirada,

golpetear el piso con un pie, voltear los ojos hacia arriba o suspirar, por ejemplo.

5. Por último, jamás critique, avergüence, culpe o analice a su pareja.

y luego hiciste esto y hace tres semanas yo te pedí que hicieras eso por mí y tú no lo hiciste y te acuerdas de aquellas vacaciones de hace cinco años que yo te dije que hicieras las reservaciones y no las hiciste porque no me quisiste creer que era necesario hacerlas y tú nunca escuchas y siempre haces cosas insoportables y ni siquiera estás escuchándome ahora y ni siquiera me estás viendo

Usted puede inundar a su pareja con demasiadas palabras...

Usar la responsabilidad del emisor tiene que ver con invitar hábilmente a su pareja a interesarse en sus deseos. Incrementa la posibilidad de que su pareja quiera responder. Sea breve para que su pareja entienda qué le dice. Si aprende a hacerlo, se sentirá como si hubiera adquirido un nuevo superpoder.

Compartir las frustraciones evitando la negatividad es tan importante que hemos creado un proceso. La petición de cambio de comportamiento (PCC). Es otra forma que puede tomar el proceso de diálogo Imago, con dos cuestiones clave adicionales: puede expresar su frustración *y* hacer una solicitud. Al igual que el diálogo, es simple y directa. Y, al igual que el diálogo, puede provocar una diferencia profunda en su relación.

La PCC es la *mejor* manera de expresar su frustración y mantener la seguridad en su relación al mismo tiempo. Tiene tres sencillos pasos: 1) pedir una cita para discutir una frustración; 2) explicar brevemente la frustración; y 3) solicitar lo que desea.

UNO: PIDA UNA CITA

Al igual que con el diálogo, no conviene hacer directamente la PCC sin preguntar primero, así que siempre pida una cita. Para hacerlo, puede decir: "Me encantaría hacerte una petición. ¿Ahora es un buen momento?"

Hacer una cita es importante. Su pareja puede no estar de ánimo para escucharlo, y usted necesita respetarlo. Si no es un buen momento, permita que le proponga otro. Elegir un horario adecuado para ambos ayudará a que tengan éxito.

DOS: DESCRIBA BREVEMENTE SU FRUSTRACIÓN

Cuando llegue el momento programado, el emisor **brevemente expresa su frustración, y utiliza la responsabilidad del emisor.** Use una sola frase, dos, cuando mucho. Por ejemplo, puede decir: "Hemos pasado la mayoría de los días festivos de los últimos años con tu familia y extraño estar estos días especiales con mi familia."

Note que la frase es breve y directa, y que el contenido se refiere a la experiencia del emisor, no es un reclamo sobre qué tan egoísta es su pareja por la falta de equidad en la situación.

El receptor entonces actúa como espejo y repite lo que dijo el emisor: "Déjame ver si entendí. Hemos pasado la mayoría de nuestros días festivos de los últimos años con mi familia y tú extrañas pasar esos días especiales con tu familia. ¿Entendí bien?" Una vez que el emisor confirma que el receptor entendió, el receptor pregunta: "**¿Hay algo más?**" El emisor puede responder la pregunta, pero *debe tener cuidado*, y limitarse a decir algo corto, breve y enfocado en cómo se siente por la frustración. Recuerde: *¡No agobie a su pareja!* La respuesta del emisor podría ser: "Mis padres están envejeciendo y quiero construir lindos recuerdos en su compañía."

Una vez que el receptor actúa como espejo ante esta frase, valida los sentimientos del emisor al decir: "Tiene sentido que extrañes pasar este tiempo especial con tu familia." Y luego muestra empatía al decir: "Y me imagino que no pasar más tiempo con tu familia puede hacer que te sientas triste, y eso es injusto. ¿Es eso lo que sientes?"

El emisor podría responder: "Sí, me parece injusto y me hace sentir triste, incluso enojado." Y el receptor validará ese sentimiento al decir: "Bueno, lo que dices tiene sentido."

TRES: LA PETICIÓN INTELIGENTE...

¡Ahora le toca pedir qué desea! Una vez que queda claro que su pareja lo escuchó, el siguiente paso es sugerir tres cosas que el otro podría hacer para reducir su frustración. Pensar tres cosas concretas le da a su pareja la posibilidad de elegir, de seleccionar una que será su regalo.

Al pensar en las solicitudes, debe asegurarse de que sean específicas, medibles, alcanzables, relevantes y con límite de tiempo.

"Quiero pasar cada día festivo de este año con mi familia en vez de la tuya" puede no ser algo que se pueda lograr. "Quiero que pasemos más tiempo con mi familia" no es específico ni puede ser medido en realidad. "Me gustaría acudir a mi reunión familiar anual este año", el límite de tiempo crea una fecha por cumplir.

Una vez que su pareja cumple la petición, ¡es obvio que se merece una estrellita dorada por calmar la molestia que tenía!

Hacer una petición es una oportunidad para decirle a su pareja *exactamente* cómo puede mitigar la frustración que siente. El problema es que frecuentemente se nos facilita hablar de lo que *no* queremos en vez de lo que *sí* queremos. Esto hace que pensar en tres cosas que podrían hacer que usted se sintiera bien sea difícil.

A muchos nos transmitieron mensajes como: "Haz cosas buenas por los demás", "No pienses en ti mismo" y "No seas egoísta." Como consecuencia, puede ser un reto pedir lo que queremos y necesitamos de manera simple, clara y bondadosa. Pero si no aprendemos a hacerlo, no se cubrirán nuestras necesidades.

Así que sea creativo. Pida cosas que sería divertido recibir y que a su pareja le divertiría dar. Para el ejemplo que hemos utilizado en este capítulo, las tres peticiones podrían ser:

1. Podemos alternar los días festivos el año que viene y pasar uno con tu familia y el siguiente con la mía.
2. Podemos dedicar un tiempo especial dentro de los siguientes dos meses a invitar a mi familia a visitarnos.
3. Podemos elegir un día festivo de este año y ser los anfitriones; así compartiríamos con ambas familias ese fin de semana.

Si quisiera ser más creativo, podría sugerir algo como: "Podríamos crear juntos un álbum de fotos que le demuestre a mi familia cuánto nos importa." O (si las finanzas familiares lo permiten), "Podríamos tomar un crucero o rentar una cabaña cerca de un lago y pasar las vacaciones con mi familia." Siempre que sea posible, las peticiones deben ser divertidas, incluso espontáneas. Nunca deben parecer un castigo para su pareja. De nuevo, lo importante es hacer peticiones que ayuden a que su pareja tenga éxito.

Conforme el emisor comparte cada idea, el receptor las anota. Incluso puede ser como espejo y reflejar cada idea para asegurarse de haberla entendido bien. Y después de que el emisor comparte las tres ideas, el receptor elige una.

Ahora los dos ya van en camino a un matrimonio de sociedad (¡en el que no sólo sus días festivos, sino su relación misma, se siente más equilibrada!). Es un deleite estar conectado con alguien cuando hay respeto mutuo y un deseo de solucionar problemas en lugar de echar la culpa y provocar vergüenza.

¡Se siente maravilloso estar conectado!

EMPIECE CON LO PEQUEÑO Y SIGA CON LO GRANDE...

Una advertencia: empiece con lo pequeño, con una pequeña colina y no con una montaña. Sabemos que probablemente haya *muchas* cosas que lo frustren.

Pero debe ir despacio. Recuerde, con frecuencia lo que más queremos que nuestra pareja nos dé es lo que le es más difícil dar. Cuando su pareja tenga éxito al darle cosas sencillas, puede empezar a aceptar retos más grandes.

Por ejemplo, su frustración puede ser: "Siento como que ya casi no pasamos tiempo juntos." De las opciones que usted ofrezca, su pareja puede elegir acurrucarse con usted en el sillón al menos quince minutos cada noche por una semana, y *cumplirlo*. Cumplir su petición puede hacer que su pareja se sienta bien: aunque usted le está pidiendo algo, le está dando opciones. ¡Y le puede parecer un gran *alivio* saber exactamente qué hacer!

Darle seguimiento a lo que prometió hacer es algo que empodera a su pareja. ¿Y qué hará ella con esa maravillosa sensación de empoderamiento que le corre por las venas? Ya lo sabe: ¡querrá seguir haciendo más! Ayúdela a que vuelva a tener éxito y le dará gusto volver a hacer esto una y otra vez.

La crítica acaba con la motivación. Muchos somos tan buenos para mostrarle a nuestra pareja cuáles son sus fallas, que sólo la desanimamos. Su trabajo es animar y empoderar a su pareja, ¡y las PCC pueden ayudarle a hacerlo! Antes de que lo note, estará descansando en un espacio entre los dos que brilla de tanto amor que contiene.

La PCC le enseña tanto a usted como a su pareja a estirarse.

Su pareja tendrá un desarrollo si acepta —y cumple— una petición. Y usted se desarrollará al recibir lo que le entregue, lo que a su vez es un regalo para ella.

Verdad número 7: la negatividad es un deseo disfrazado

EJERCICIO: LA PETICIÓN DE CAMBIO DE COMPORTAMIENTO (PCC)

Primero:

1. Seleccione alguna frustración que haya experimentado con su pareja (si de momento no se le ocurre ninguna, revise la lista que hizo durante el Ejercicio número 1, "Antes y ahora". Empiece con la colina pequeña, NO con la montaña, lo que desea es que ambos tengan éxito).

2. Use los pasos detallados que se explican a continuación para hacer la PCC.

   Y vaya a **www.MakingMarriageSimple.com***, para ver ejemplos en video y otras herramientas.*

Uno: haga una cita

El emisor pide una cita.

Emisor: *Me encantaría hablar contigo acerca de una petición que tengo. ¿Tienes tiempo?*

Dos: describa brevemente su frustración

Considere la responsabilidad del emisor. El emisor describe su frustración en una frase (cuando mucho, dos). Un ejemplo de una frustración expresada con claridad podría ser:

Emisor: *Me siento frustrado cuando llegas a la casa más tarde de lo que habías dicho.*

El receptor entonces se comporta como un espejo y repite exactamente lo que dijo el emisor:

Receptor: *Déjame ver si entendí.* (Repita la frustración que su pareja le acaba de compartir, palabra por palabra. Si se considera el ejemplo anterior, habría que decir: "Te sientes frustrado cuando llego a la casa más tarde de lo que dije.") *¿Entendí bien?*

Una vez que el emisor confirma que el receptor entendió, éste pregunta: "¿Hay algo más?" Recuerde, no debe inundar a su pareja. Un ejemplo podría ser:

Emisor: *Cuando no llegas a tiempo, me preocupo por ti.*

El receptor reporta como espejo esta nueva declaración, y una vez que el emisor confirma que el receptor entendió, éste valida al emisor y muestra empatía por él.

Receptor: *Tiene sentido que te frustres y te preocupes cuando llego a la casa después de la hora que dije (validar). Y puedo imaginarme que esto te hace sentir triste y enojado (mostrar empatía).*

Tres: la solicitud inteligente

Una vez que el receptor se porta como espejo, valida y muestra empatía por el emisor, y el emisor se siente entendido y aceptado, el receptor solicita que se le hagan peticiones. Y el emisor con claridad nombra tres cosas específicas que podrían ayudar.

Receptor: *¿Cómo te puedo ayudar con eso? Dame tres opciones.*

Emisor: *¡Gracias por preguntar! He aquí tres cosas que podrían ayudar con el problema:*

- Me podrías dar un masaje de espalda (¡o hacer algo un poco más atrevido!) una noche por semana durante el siguiente mes.
- Me podrías llevar el desayuno a la cama un sábado o domingo de cada mes, durante los siguientes dos meses.
- Podrías hacer la compra en el supermercado una vez por semana durante un mes.

> *Nota: aunque cuatro masajes de espalda, dos desayunos en la cama o cuatro viajes al supermercado pueden parecer desproporcionados en relación con la frustración, tenemos un motivo. Nuestro cerebro está acostumbrado a seguir pensando en lo negativo. De modo que se requiere repetir lo positivo para contrarrestarlo. Quizá no parezca lógico, pero así es como funciona. Combatir lo negativo con una dosis sólida de lo positivo es una manera de entrenar a su cerebro (encuentre más sobre este tema en Verdad número 8: Su cerebro tiene su propia mente).*

Luego:

Siga utilizando la PCC. Por turnos, actúen como el emisor y el receptor. Empiece con frustraciones pequeñas (recuerde: ¡colina, no montaña!). Conforme los dos se vayan sintiendo más cómodos con el proceso, pueden ir hablando de frustraciones más grandes. Sin embargo, siempre es bueno alternar noches en vez de que cada uno tome su turno inmediatamente después del otro la misma noche. De hecho, a menos que usted y su pareja estén haciendo el programa de ejercicios como si fuera un retiro de fin de semana o de toda la semana (vea la página 192), sugerimos que un integrante de la pareja sea el emisor durante una semana entera y el otro sea el emisor la siguiente semana. Hacer esto permite que cada integrante en realidad experimente la sensación de que su pareja ha escuchado sus frustraciones.

Y como receptor, es buena idea pegar la petición con la que usted estuvo de acuerdo en algún lugar de la pared que vea a diario. Luego, haga lo que prometió. Cuando el receptor cumpla la petición, ¡es tiempo de que ambos celebren!

Y recuerde:

Tomar pasos pequeños al hacer la petición de cambio de comportamiento brinda poder a los dos. Y lo que usted querrá hacer con ese empoderamiento es seguir adelante, ¡hasta que sienta que todos los problemas en su relación se hayan resuelto!

Su cerebro tiene su propia mente

Helen

Nuestro cerebro es una maravilla. Es la fuente de nuestras emociones y nuestros pensamientos. Determina por qué nos sentimos de cierta manera y por qué pensamos determinadas cosas. Los científicos han explorado los misterios y las complejidades de este órgano, se han obsesionado con él y han escrito incontables páginas acerca de sus descubrimientos.

Usted se preguntará: ¿qué tiene que ver la ciencia del cerebro con un libro sobre matrimonio?

¡Mucho!

¿UN REPTIL Y UN AVE?

El cerebro puede dividirse en dos partes: en su parte inferior, a la que llamaremos cocodrilo; y su parte superior, que llamaremos búho. A la parte inferior con frecuencia se le llama el centro reptiliano del cerebro. Al igual que un **cocodrilo, reacciona intensamente. Responde de manera espontánea, sin detenerse a analizar la situación.** Cuando usted toca una estufa caliente por accidente, de inmediato quita la mano. El movimiento ocurre sin que necesite pensarlo. La parte inferior de su cerebro lo salva de quemarse.

La parte inferior del cerebro tiene un trabajo muy claro: la **SUPERVIVENCIA. Existe para defenderse (y defenderlo a usted) del peligro.** Reacciona más rápido que la velocidad del pensamiento.

La mayor parte del tiempo, los cocodrilos se relajan en el agua. Están tan quietos y callados que podrían confundirse con un tronco. Fuera del agua, usted los encontrará descansando alegremente en el lodo que rodea un río. En este estado, parecen tranquilos e inofensivos. ¿A quién podría dar miedo una bestia tan perezosa?

Sin embargo, cuando un cocodrilo se siente amenazado, ¡CUIDADO!

Desde la punta de su hocico alargado hasta su cola con movimientos poderosos, los cocodrilos se convierten en un arma musculosa de destrucción pura. Un cocodrilo enfurecido es PURO PELIGRO. Es por ello que más vale no provocar que salga a flote el cocodrilo de su pareja. ¡Sobre todo durante la noche! Después de todo, ¿a quién le gustaría dormir cerca de algo tan rugoso y con esos dientes filosos como navajas?

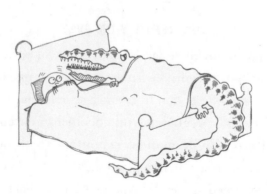

Por fortuna, usted también tiene la parte superior del cerebro. La llamamos el búho, y puede ayudarle a controlar a su cocodrilo. Uno no pensaría que este amigo emplumado pudiera hacer frente al poder muscular del cocodrilo. Pero la habilidad que tiene el búho para observar e implementar estrategias le permite vencer al cocodrilo.

El búho es la parte superior del cerebro. Es capaz de tener pensamientos más creativos y más sofisticados. Cataloga sus experiencias, recopila datos y resuelve problemas, además constantemente busca la forma más eficaz de hacer las cosas. Dado que conecta el intelecto de la parte superior del cerebro con los recuerdos y las emociones, el búho le ayuda a controlar sus sentimientos.

A fin de cuentas, el búho es excelente cuando se trata de crear situaciones en que todos ganan, en que todos acaban por sentirse a salvo y felices. De hecho, ¡el búho fue quien decidió comprar este libro!

¿Puede detectar estas dos partes distintas de sí mismo, el cocodrilo que sólo reacciona y el búho pensativo y sensible?

He aquí un ejemplo de cómo surge el cocodrilo en su vida diaria. Digamos que usted planeó una sorpresa divertida para su pareja. Ella quedó en llegar a las 6:00…

Ya son las 6:30.

Nada de su pareja. Ni una llamada telefónica.

Usted sigue mirando su reloj.

Ahora son las 7:15…

¡Qué *insulto!* ¡Qué **falta de respeto**!

Usted se enoja más… Y MÁS…

Para cuando su pareja entra por la puerta, el cocodrilo está haciendo una de dos cosas, dependiendo de si usted es una tortuga o una tormenta de granizo.

La tortuga/cocodrilo se ha ocultado por completo. Ahora, ¡sólo un cartucho de dinamita podría sacar a esa tortuga de su caparazón! Lo único que va a recibir, si usted es la persona que llegó tarde, es una mirada gélida, mientras la cola de su tortuga/cocodrilo muestra enojo al moverse violentamente de lado a lado.

La tormenta de granizo/cocodrilo está esperando. Toda su concentración está enfocada en algo: el momento en que se abra la puerta. Al instante en que escucha esto, ¡ENLOQUECE! La persona que llegó tarde entra por la puerta y espera encontrar a su pareja. En vez de esto, la golpea con toda su fuerza un cocodrilo furioso, ¡mostrando los dientes, listo para la batalla! Desagradable, ¿no?

Cuando ocurre cualquiera de estos escenarios, decimos que el cocodrilo ha **secuestrado su energía neuronal**. Esto significa que la parte inferior de su cerebro está tan activada que temporalmente le evita el acceso a la parte superior. Desaparece cualquier posibilidad de manejar la situación correctamente.

Cuando estamos como cocodrilo, sólo tenemos dos maneras instintivas de responder: **pelear (tormenta de granizo)** o **huir (tortuga)**. No existen otras opciones. Luego, cuando se restablece la conexión con la parte superior del cerebro, quizá digamos: "Lo siento. Simplemente enloquecí." Y en cierta forma, así fue. En ese momento perdimos contacto con la parte superior de nuestro cerebro, la que resuelve problemas.

Y AHORA VIENE ALGO REALMENTE SORPRENDENTE...

Quizá piense que no puede controlar una reacción que se da por instinto. ¡Pero sí puede! Tiene el poder de elegir qué parte del cerebro utilizar al interactuar con su pareja y responderle. Esto hace que ocurran dos cosas importantes.

Primero, cuando está molesto por algo que su pareja dice o hace, detenerse a tomar una decisión le permite responder correctamente en lugar de reaccionar de una forma que provoque o aumente el conflicto. Además, la capacidad de elegir le ayuda a actuar y hablar de una manera que no moleste a su pareja en primer lugar. En otras palabras, usted puede elegir actuar de forma que permita que el cocodrilo de su pareja siga dormido.

Así que aquí estamos, de vuelta en su casa en esa fatídica noche en que usted le preparó esa sorpresita a su pareja. Y su pareja llegó TARDE.

Ahora, ¿qué tal si en lugar de sucumbir ante el cocodrilo, le pidiera al búho que revisara la situación? Aunque usted no lo crea, **esta pequeña decisión tiene el poder de detener al cocodrilo antes de que empiece a tomar el control.** Parece demasiado sencillo como para ser cierto, pero lo es. No estamos diciendo que ver las cosas desde el punto de vista del búho eliminará toda su frustración. Pero puede evitar que caiga directamente en la respuesta del cocodrilo de pelear o huir.

Ahora, en lugar de dar por hecho que sabe por qué llegó tarde, empiece por hacerse esa pregunta (recuerde, sea curioso). Incluso puede recordar algunos detalles que pudieran explicar su tardanza. Notará que su enojo y frustración se disipan mientras más curiosidad sienta.

De hecho, puede tomar algún tiempo para pensar cómo es que la frustración que siente se conecta con alguna experiencia de la infancia que recuerde. ¿Sus padres con frecuencia llegaban tarde? ¿Alguna vez lo decepcionaron cuando les dio un regalo o hizo algo especial por ellos? Explorar posibles conexiones entre su frustración actual y su pasado le recordará que 90 por ciento de los problemas que tenemos con nuestra pareja en realidad provienen de nuestra niñez.

Si imaginarse diferentes motivos por los cuales su pareja podría haber llegado tarde no está tranquilizando al cocodrilo tan rápido como quisiera, recuerde que su pareja obviamente no sabía que le esperaba una sorpresa, así que no es que fuera su *plan* llegar tarde para molestarlo. También puede pensar en alguno de los momentos no tan perfectos de *usted* ante su pareja, y recuerde además esas ocasiones en que su pareja respondió con cariño y comprensión ante las imperfecciones que le dejó ver.

La meta de este punto es seguir haciendo cosas que permitan que el cocodrilo continúe descansando. El búho puede sugerir relajarse frente a la televisión. Después de todo, ahora sería un buen momento para ver ese programa que grabó la semana pasada, el que a su pareja no le interesó ver. O escuche un poco de su música favorita. Incluso podría desempolvar el DVD de su boda, o sacar las fotos de su luna de miel.

Si todavía le queda alguna frustración, un rápido paseo alrededor de la manzana o alguna otra forma de ejercicio puede ayudarle a calmarse incluso más. El movimiento físico realmente puede relajar al cocodrilo.

Así que en lugar de ser recibida con un grito de "¿DÓNDE DEMONIOS HAS ESTADO (y luego algún nombre grosero)?", su pareja puede llegar a casa y encontrarse con alguien tranquilo, relajado y preocupado.

En vez de enloquecer, usted puede decir algo como "Guau, esperaba que llegaras a casa hoy a las seis. Incluso había planeado una sorpresa para nosotros. Me estaba empezando a preocupar un poco. ¿Estás bien? ¿Qué pasó?" Cuando su pareja le explique, diga: "Déjame ver si entendí", y pórtese como un espejo. Portarse como un espejo equivale a frotar la pancita del cocodrilo, y calmar incluso más a la bestia.

No es necesario llevar a cabo un diálogo formal para usar la técnica de portarse como espejo. Es una excelente herramienta para calmarse y también calmar a su pareja.

Una vez que su mente esté en calma, se vuelve posible que valide a su pareja y le muestre empatía. Puede descubrir que perdió noción del tiempo por una emergencia en el trabajo, o hubo un auténtico error de comunicación entre los dos. Una vez que comprenda que sus acciones y sentimientos son válidos, desde el punto de vista de *ella*, ya la hizo. Más que ninguna otra cosa, esto demuestra que está experimentando a su pareja como una persona individual y separada, no como una simple extensión de usted.

En lugar de ser golpeada en la cabeza por la cola de un cocodrilo, su pareja ha sido reflejada en un espejo y validada, y recibió empatía. Quizá, incluso le comparta cómo fue que esta experiencia le recordó algo de su infancia, y ella lo entiende. De repente, usted escucha que su pareja reconoce lo irritante que debió ser planear una sorpresa para que ella no llegara cuando pensó que lo haría.

Su pareja se disculpa.

Usted acepta la disculpa.

Se abrazan y disfrutan una magnífica cena (recalentada, por supuesto).

¡Ambos suspiran profundamente de alivio!

Quizá pueden crear juntos un plan para que su pareja tome la iniciativa la siguiente vez que tengan una cita romántica.

¡Felicidades! Han atravesado aguas infestadas por cocodrilos, y las temibles bestias de cada uno se han quedado dormidas durante la experiencia. Ahora sabe que cuando su pareja diga o haga algo que active a su cocodrilo, usted tiene la opción de *responder* en una forma que construya mayor conexión en lugar de *reaccionar* de manera que la destruya.

Hablar con el búho también es útil al decidir cómo hablar con su pareja. Antes de abordar un tema que le preocupa, o antes de tomar alguna acción que sabe ha irritado a su pareja en el pasado, pregúntese: **¿Lo que estoy a punto de hacer o decir despertará al cocodrilo de mi pareja?**

Recuerde: no puede controlar su primer pensamiento. ¡Pero sí puede, con ayuda del búho, controlar el segundo!

No todo en el cocodrilo es malo. Es una parte importante de nuestro cerebro, y no queremos deshacernos de él. Eso nos dejaría vulnerables al enfrentar peligro auténtico. Lo necesitamos para tener acceso a nuestros instintos. Sólo queremos que el búho nos ayude a manejarlo.

Aprender acerca de las dos partes del cerebro me empoderó mucho. No quería ser un cocodrilo gruñón ante Harville (¡no es exactamente la opción más amorosa!), ni quería ser un cocodrilo ante mí misma (¡toda esa piel tan reseca!). Así que cuando me enteré que tenía otra opción, hice todo lo posible por mantener funcionando la parte superior del cerebro del búho. Es sorprendente qué impacto tuvo en nuestro matrimonio.

Por supuesto que esto requiere práctica. Pero ahora usted tiene una elección que no tenía antes de leer este libro, así como las herramientas que le ayudarán. No podemos controlar a los demás (sin importar cuánto lo deseemos a veces). Lo único que podemos controlar es a nosotros mismos, nuestros pensamientos, respuestas, acciones y reacciones. Entender esto nos mantiene enfocados en lo que SÍ podemos cambiar: a nosotros mismos. Y evita que nos enfoquemos en lo que NO podemos cambiar: a nuestra pareja.

Aprender a elegir entre el búho y el cocodrilo es una parte clave de la toma de responsabilidad personal. ¡Confíe en que habrá una transformación!

Verdad número 8: su cerebro tiene su propia mente

EJERCICIO: ENTRENE SU CEREBRO

Primero:

1. Necesitará de diez a quince minutos para este ejercicio. Encuentre un lugar silencioso donde no lo interrumpan. Siéntese en una silla cómoda, cierre los ojos y durante cinco minutos (puede usar un cronómetro o programar la alarma de su teléfono) enfóquese en su respiración y cuente sus respiraciones. Si pierde la cuenta, vuelva a empezar. Continúe hasta que se acabe el tiempo.

2. Lleve a su mente algo acerca de su pareja que le moleste. Téngalo firmemente en la mente mientras hace dos inhalaciones profundas. Suelte el aire de inmediato y piense en algo que adora acerca de su pareja. Mantenga esto firmemente en su mente durante el tiempo que le tome respirar de manera profunda cinco veces. Repita esto a lo largo de cinco minutos.

3. Ahora imagínese a su pareja. Piense en cómo era ella el día que se casaron. En algún momento en que estuvo de luto. Y/o en algún momento en que usted se sintió especialmente orgulloso de ella. Con esta imagen en su cerebro, diga en voz alta: "Mi pareja es un ser humano. Al igual que yo, hace su mejor esfuerzo, comete errores, siente dolor y quiere ser amada." Desde esta perspectiva, envíe pensamientos amorosos a su pareja.

Luego:

Continúe con este ejercicio durante el resto de su programa de ejercicios, agregándolo a los días en que ya esté compartiendo aprecio con su pareja. La meta es practicar esto hasta llegar al punto en que pueda llegar a ese estado de meditación con facilidad. Esto hará que mantenerse conectado con el búho sea sencillo cuando usted escuche las frustraciones de su pareja.

Y recuerde:

Usted tiene el poder de reprogramar su cerebro. De hecho, construir un matrimonio de sociedad cambia su química cerebral, al crear nuevos caminos neuronales que apoyan el trabajo que está realizando.

Su matrimonio es motivo de risa

HARVILLE

Enfrentémoslo: incluso las mejores relaciones incluyen problemas profundamente graves. Sin embargo, enfrentar los problemas con seriedad *no* es la solución. Saber cuándo ser juguetón es un arte. Además, muchas parejas se esfuerzan tanto por su relación que se les olvida divertirse.

La sabiduría que una pareja tenga respecto al uso del humor y la alegría es indispensable para su felicidad. Un artista de las relaciones es alguien que, incluso al estar tratando con problemas intensos, puede abordarlos con ligereza y traer consigo un estado de ánimo que permita encontrar una solución mutuamente satisfactoria.

Después de todo, la vida no sólo tiene que ver con nuestro trabajo, o con quienes conocemos, o con qué sabemos, o con cuántas cosas tenemos. Estas cuestiones no nos hacen felices. Lo principal es *quiénes* somos en el fondo, y qué tan sana sea nuestra conexión con el otro.

Lo principal que tenemos dentro es nuestra ALEGRÍA. Es nuestra naturaleza esencial, y está con nosotros desde el momento en que nacemos.

Las aves tienen bandadas. Los perros tienen jaurías. Los caballos tienen manadas. Y los humanos están programados para conectarse.

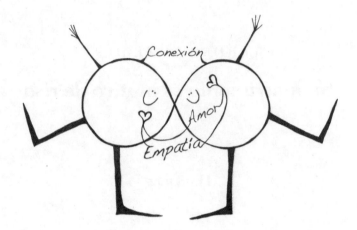

¡Estamos programados para conectarnos!

La conexión y la alegría son dos caras de la misma moneda. No es posible experimentar alegría sin estar conectado pacíficamente.

¡Creemos que está destinado a vivir con esta alegría original y disfrutable!

Sin embargo, antes de que pueda dirigirse rumbo a la alegría, debe considerar un hecho muy importante. Hay una manera infalible de matar la alegría…

PONER LA RELACIÓN EN PELIGRO NO ES UN JUEGO

¿Alguna vez le ha dicho a su pareja (o se ha dicho en secreto a sí mismo) algo como esto?:

Si mi pareja realmente me amara, sabría qué quiero…

Hemos estado juntos desde hace más de doce años. ¿Cómo es posible que no sepa que…?

No importa si han estado juntos por dos meses o veintidós años. Si tienen problemas en su relación, probablemente sea porque usted:

1. Espera que su pareja sepa lo que usted siente, quiere y necesita, sin que se lo diga.
2. Da por hecho que sabe cómo se siente su pareja y qué desea, sin preguntárselo.

Dar por hecho que su pareja puede leer su mente o intentar leer la de ella es tan tóxico como la negatividad. A esto le llamamos "poner en riesgo la relación", y es fatal para el matrimonio. Caer en cualquiera de estas trampas, o en ambas, extrae la felicidad de su relación.

Cuando usted espera, da por hecho y exige, hace que su pareja se sienta como un objeto. Le comunica: "Existes para cubrir MIS necesidades." Pero si *no* se supone que tenemos que aprender a leer la mente, esperar algo o dar algo por hecho, ¿qué debemos hacer?

EL PAQUETE DE CUIDADOS IDEAL

¡Debemos PREGUNTAR! En vez de dar las cosas por hecho, necesita *preguntarle* a su pareja qué le da placer. Luego, *realmente escuche* lo que su pareja le diga y bríndele lo que pida. Y ella necesita hacer lo mismo por usted.

Esto nos lleva a uno de los ejercicios de comportamiento afectuoso. Los comportamientos afectuosos son la perfecta oportunidad para compartir lo que a cada uno le parezca más afectuoso. Éstos son los comportamientos que desea que su pareja tenga, aunque los haya mantenido en secreto. Los comportamientos que esperaba (está bien, los que daba por hecho) que su pareja adivinaría. Usted culpó a su pareja por no saberlos. (Y también es bueno incluir las cosas que su pareja *ya está haciendo* que a usted le parecen afectuosas.)

Momento, ha estado culpando a su pareja por no adivinar. Sin embargo, todo este tiempo fue su responsabilidad decirle las cosas. Todo el mundo se siente amado en distintas formas. Los comportamientos afectuosos pueden ir desde que su pareja le traiga una taza de café antes de levantarse de la cama por la mañana, hasta que dedique tiempo ininterrumpido cada quince días a hacer reparaciones en el hogar. Una persona puede desear un masaje de espalda, mientras otra quizá prefiera una cita romántica nocturna ocasional.

Estuve trabajando con una pareja que estuvo atorada con el ejercicio de los comportamientos afectuosos. Ahora, esto rara vez sucede. En nuestros talleres, por lo general cuando hacemos los comportamientos cariñosos es cuando las parejas en realidad se relajan y se disfrutan el uno al otro. Así que les pregunte qué pasaba.

"Bueno", dijo ella, "siempre he tenido una fantasia…"

"Pero no me la cuenta", respondió su esposo.

"Es algo que sucede cuando estamos en la cama", confesó ella.

La animé a compartirlo, pero dudaba. Finalmente, me pidió que me acercara y me susurró la fantasía al oído.

"Eso no tiene nada de malo", afirmé. "Estoy seguro de que le encantaría escucharlo."

Así que tragó saliva, miró a su pareja y dijo: "Siempre he querido que me chupes el dedo gordo del pie cuando hacemos el amor."

La sonrisa más dulce apareció en la cara de él y dijo: "¡Claro!"

Es increíble cómo se profundiza una conexión entre dos personas enamoradas.

Pero este tipo de magia no puede ocurrir si se mantienen callados.

Tienen que hablar el uno con el otro.

Piense en el caso mío y de Helen, por ejemplo. Ella pensaba que como me encanta *Star Trek*, de seguro me encantarían los objetos con personajes de *Star Trek*. Entonces constantemente me sorprendía con plumas, tarros, toallas de baño, playeras. Si algo tenía el logotipo de *Star Trek*, tenga por seguro que lo agregaba a mi colección.

Cada vez que practicábamos los comportamientos afectuosos yo tenía ganas de decirle lo que en verdad deseaba, pero no quería herir sus sentimientos. Finalmente, supe que necesitaba hacerlo. Esa noche, mientras compartíamos comportamientos afectuosos, le dije con toda la delicadeza que pude: "Helen, agradezco el esfuerzo que hiciste al comprarme esa toalla de *Star Trek* esta semana. Sin embargo, eso no es lo que hace que me sienta querido. Lo que me parecería más significativo es tener un tiempo sin interrupciones para simplemente *ver* el programa de vez en cuando."

"¡OH!", exclamó y rió, "caray, Harville, pobrecito, tienes todos los artículos de *Star Trek* conocidos por la humanidad (y quizá también por los aliens), y ni siquiera era lo que querías."

De inmediato comprendí que mis preocupaciones respecto a herir sus sentimientos eran innecesarias. Todo lo que Helen necesitaba era saber lo que yo quería. No sólo no se molestó, sino que la *deleitó* mi honradez. Estaba emocionada porque, ya armada con esta información, podría tener éxito a la hora de hacerme sentir querido.

Desde ese día en adelante, Helen dejó de comprarme cosas de *Star Trek*. Lo que hizo en vez de eso me conmovió profundamente. Cada vez que quería dedicar tiempo a un maratón de *Star Trek*, ella se iba al cuarto donde pensaba ver el programa justo antes de que empezara. Primero me dejaba una charola con palomitas y limonada hecha en casa. Luego esponjaba una almohada y la ponía con cariño tras mi cabeza. Con un dulce beso de partida, me dejaba en paz, y no me interrumpía hasta que yo salía del cuarto, una vez acabado mi minimaratón. ¡Era simplemente el paraíso!

Así que, por favor, ¡cuéntele a su pareja sus deseos secretos!

Cada par de meses, usted y su pareja deben pasar treinta minutos escribiendo sus comportamientos cariñosos, y luego colocar las listas en algún lugar que ambos las vean a diario. Incluso pueden usar el diálogo para compartirlas. Algunos de los comportamientos que cada uno solicite parecerán sencillos de hacer. Otros, quizá no. Elijan los que parezcan fáciles y háganlos tan seguido como puedan. ¡Y observe entonces cómo florece y aumenta el placer de su pareja!

Lo principal es que los **comportamientos afectuosos son un regalo.**

Pero no cometa el error de pensar que esto significa que los comportamientos afectuosos sólo son algo superficial. Realizarlos puede reparar lentamente el corazón de su pareja. Además, **solicitar lo que usted desea hace que deje de sentirse víctima** con más rapidez que ninguna otra idea en este libro. ¡Y se DIVERTIRÁ!

Los comportamientos afectuosos también ayudan a entrenar su mente. Usted sabe cómo se siente cuando encuentra el regalo perfecto. Se siente maravillosamente bien, ¿cierto? Lo mismo sucede con los comportamientos afectuosos. Cuando le regala uno a su pareja, con frecuencia se siente como si fuera quien recibió el regalo. Esto es porque el cocodrilo no sabe la diferencia entre darle un regalo a alguien más y darse un regalo a sí mismo.

Como si fueran aromatizantes de aire para su relación, los comportamientos afectuosos liberan la deliciosa fragancia de la levedad y la alegría.

Y si quiere aumentar los beneficios, también están las menciones al azar (¡No se preocupe, son mucho más sencillas de cumplir de lo que suenan!). Las menciones al azar son esos anhelos que su pareja menciona de paso, pero que nunca espera que se cumplan. Podría ser que alguien le cambiara el aceite al coche, involucrarse en un nuevo pasatiempo o tener un día libre sin los niños. Escuche las menciones al azar de su pareja, y luego elija una para sorprenderla aproximadamente una vez al mes.

Por ejemplo, Helen trabaja mucho, y a veces se ve tan envuelta en su trabajo que se olvida de cuidarse a sí misma. Un día, conforme caminábamos juntos hacia la oficina, Helen mencionó con nostalgia cuánto tiempo había pasado desde la última vez que había practicado yoga. Su agenda estaba a reventar, pero cuando miré su calendario, noté que la siguiente semana tendría libre una hora y media. Así que encontré a una instructora que podía venir a casa y programé una decisión sorpresa de una hora en ese rato. Helen simplemente estaba deleitada.

Poner atención a las menciones al azar envía un poderoso mensaje. Le demuestra a su pareja: **"Te pongo atención. Escucho cuando sueñas en voz alta. Realmente me importas, a cada instante de cada día."**

REÍR JUNTOS A DIARIO MANTIENE AL ABOGADO
DE DIVORCIOS A DISTANCIA

Hay muchos estudios científicos que avalan la importancia de divertirse.

La alegría activa su cerebro para que produzca y libere más neuroquímicos que lo hagan sentirse feliz y conectado. En otras palabras, la alegría hace que su cerebro genere más alegría. La oxitocina, conocida como la "hormona del amor", es uno de esos neuroquímicos. También se le llama la "hormona de la conexión", pues la oxitocina es la que provoca la conexión entre madre e hijo.

Pero los hombres necesitan oxitocina también. Y lejos de ser una simple hormona del amor pequeña y abrazable, se ha comprobado que la oxitocina puede reducir la tensión, incrementar la inmunidad y reducir la presión sanguínea y el riesgo de males cardiacos.[1]

Qué sorprendente es notar que simplemente divertirse con nuestra pareja nos ofrece efectos tan concretos y abarcadores. Y quizá una de las cosas más sorprendentes es eso, que al igual que optar por conectarnos con el búho en vez de descender hacia el ámbito hostil del cocodrilo (vea Verdad número 8: Su cerebro tiene su propia mente), podemos elegir. ¡Qué manera tan empoderadora de vivir!

Podemos elegir el camino del empoderamiento con sólo compartir comportamientos afectuosos, invitar a la risa al entrar en nuestra relación, acurrucarnos y divertirnos en la alcoba.

¿Quién podría pensar que la diversión fuera tan poderosa?

Ahora, cuando le decimos que lleve risas a su relación, sabemos que puede no ser tan fácil. Por lo menos, para nosotros definitivamente no lo fue. Helen y yo somos nerds. Se nos complica divertirnos y carecemos de sentido del humor. Y si esa frase le parece chistosa, es sólo porque nos esforzamos en que lo pareciera (y si no le pareció chistosa, ténganos paciencia, todavía estamos tratando de desarrollar nuestro sentido del humor).

Nos dimos cuenta de que necesitábamos traer más diversión y levedad a nuestras vidas, así que empezamos a memorizar chistes y contárnoslos, vimos el programa gracioso *Late Show with David Letterman* y rentamos películas chistosas para verlas juntos. Una noche, mientras preparamos la cena, usamos lentes de Groucho Marx (con una nariz y un bigote falsos) y nos los dejamos puestos mientras comíamos. Ser bromistas no es algo que se nos dé en forma natural. ¡Esa cena fue un logro!

Otra forma en la que trajimos humor a nuestra relación fue con el método de "empezar a reír a carcajadas". En este ejercicio, se miran el uno al otro, abren la boca y dicen "ja, ja, ja" mientras brincan. Sabemos que en este momento usted debe estar pensando que es una tontería. Sí, es un ejercicio tonto, *de eso se trata*.

Es imposible reírse y estar a la defensiva al mismo tiempo.

De hecho, la tortuga, la tormenta de granizo y el cocodrilo no tienen ningún sentido del humor.

No tienen ningún sentido del humor.

Igual que el diálogo (Verdad número 5: No importa lo QUE diga, sino CÓMO lo diga), estirarse hasta llevar a cabo alguno de estos comportamientos que desatan la diversión se siente incómodo. *Por supuesto* que Helen y yo nos sentíamos ridículos con los lentes de Groucho (lo cual, repito, era la intención). Y no nos atreveríamos a usarlos cuando nuestros hijos estuvieran de visita, de por sí ya piensan que somos bastante extraños.

Lo que hay que recordar es que este tipo de incomodidad es buena. Significa que está creciendo. No se olvide del principio del estiramiento (Verdad número 3: El conflicto es el crecimiento que intenta ocurrir). Son sus comportamientos los que lo empujan fuera de su zona de comodidad y lo llevan directamente hacia la alegría. **Una relación maravillosa le espera justo fuera de las fronteras de su zona de comodidad.** Así que si se siente tonto o inseguro, ¡puede reconfortarle saber que está creciendo y desarrollará nuevos comportamientos que le ayudarán a recobrar su alegría!

Verdad número 9: su matrimonio es motivo de risa

EJERCICIO: ¡ATRAIGA LA ALEGRÍA!

Primero:

1. Anote los comportamientos que le parezcan más afectuosos (vea "Comportamientos afectuosos" en la página 200). Éstos son los deseos secretos que esperaba que su pareja adivinara sin necesidad de que usted los dijera. Esta lista también puede incluir las cosas que su pareja ya hace (si refuerza lo bueno, ¡querrá seguirlo haciendo!).

2. Pegue las listas donde las vea a diario (por ejemplo junto al espejo del baño, o en la puerta del refrigerador).

    Y entre a **www.MakingMarriageSimple.com** *para obtener ejemplos en video y otras herramientas.*

Luego:

Algunos de los comportamientos que cada uno le pida parecerán sencillos de realizar al otro. Y otros, no. Elijan los sencillos o emocionantes, *y realícenlos.* Cada par de meses, usted y su pareja deben dedicar treinta minutos a agregarle más cosas a su lista escrita. Incluso pueden practicar el diálogo al compartirlas.

<u>*Y recuerde:*</u>

Su pareja anhela ser su héroe o heroína. Con frecuencia basta cobrar conciencia ("¡Oh, esto es lo que a ti te parece afectuoso!") para hacer el cambio.

Su matrimonio es el mejor seguro de vida

HARVILLE

Me encanta *Star Trek* (¡usted ya lo sabe!). Así como le enseñamos a no inundar a su pareja con demasiadas palabras, Helen me ha enseñado a no inundar a los demás con comentarios sobre *Star Trek*. Sin embargo, esa serie hace mucho tiempo plantó una semilla que se convirtió en una visión para toda la vida. Y esa visión también es el tema central de este capítulo.

El vulcano, el señor Spock, es uno de mis personajes favoritos. Mi tortuga valora su capacidad de razonar y su habilidad para mantenerse calmado bajo las circunstancias más difíciles.

A veces (bueno, muy *seguido*), puede parecer que las tortugas no se dan cuenta de las cosas. Pero en realidad tienen gran profundidad y brindan afecto. ¡Y no estoy diciendo eso sólo porque soy una tortuga!

Sin embargo, algo que me inspiró, incluso más que su cerebro racional, fue la bendición de despedida que Spock daba: "Larga vida y prosperidad, y que haya paz en su tierra." Desde que empezamos a trabajar juntos, esta bendición resumía *por qué* Helen y yo hacemos lo que hacemos. Helen está de acuerdo (lo cual demuestra que en realidad "mostró curiosidad" respecto a mis intereses).

Lo que Helen y yo más queremos en el mundo es ayudar a las parejas a tener "larga vida y prosperidad". Queremos esto para que *usted* esté feliz y satisfecho. Y también sabemos que es la mejor manera de hacer que haya "paz en nuestra tierra" (pero hablaremos más acerca de esto en el Epílogo).

Desde el principio, Helen y yo hemos creído que un matrimonio sano tiene beneficios abarcadores, no sólo para los individuos, sino también para la sociedad. Pero no teníamos hechos que lo comprobaran. Así que empezamos a recopilar estadísticas. Y constantemente encontramos nuevos estudios que confirman lo que por intuición supimos durante años.

APOYAMOS EL MATRIMONIO

En la introducción, hablamos del antiguo modelo de matrimonio en el que una persona dirigía y otra la seguía. En muchas culturas, incluida la nuestra, el esposo estaba a cargo de la familia, y los pensamientos y las necesidades de la esposa quedaban relegados a un segundo lugar. Durante mucho tiempo, este arreglo parecía estar bien. Luego, en los años sesenta y setenta, las mujeres empezaron a cuestionarse si este modelo de matrimonio realmente les era útil.

Una nueva forma de matrimonio, el matrimonio de sociedad, empezaba a gestarse.

Pero la gente no tenía las habilidades necesarias para nutrir este modelo. Y el divorcio, antes considerado tabú, lentamente empezó a aceptarse.

Después, terapeutas, teóricos y múltiples doctores empezaron a afirmar que el divorcio era la mejor opción para muchas parejas en conflicto, incluso para sus hijos. De hecho, Helen y yo somos divorciados. La cosa es que si hubiéramos tenido en nuestros primeros matrimonios las herramientas con las que ahora contamos, ninguno de nuestros divorcios hubiera ocurrido.

Quizá porque tantas parejas todavía *no* tienen las habilidades para sanar sus matrimonios, la mitad de la población casada se sigue divorciando. Pero esta cláusula que permite escaparse no está libre de consecuencias. Casi la mitad de las familias estadounidenses experimentan pobreza tras un divorcio[1], y cuando los padres se divorcian, casi se *duplican* las probabilidades de que sus hijos también se divorcien[2]. Creemos que este ciclo daña a todos los involucrados.

Pero también hay buenas noticias. Nos hemos concientizado acerca de los beneficios del matrimonio. A lo largo de los últimos cincuenta años, los científicos han documentado lo que se llama la **"ventaja del matrimonio"**. ¿Por qué le llaman así? Porque **la gente casada, en promedio, es más sana, vive más tiempo, disfruta de mayor ingreso y crían familias más sanas.** Y esto es cierto para la mayoría de los matrimonios, sean "felices" o no.

La cosa es que si tan sólo *estar casado* ofrece excelentes beneficios, imagínese lo que se puede lograr con un *matrimonio sano*. Amplificará sus ventajas al tiempo de crear la vida en pareja de sus sueños. Qué gran incentivo para perfeccionar las habilidades que hagan elevarse su matrimonio.

Y ahora pasaremos a la forma en que el matrimonio influye sobre los aspectos más importantes de su vida (fanfarrias, por favor)...

SIÉNTASE MEJOR, VIVA MÁS TIEMPO

Empecemos con su salud física. La gente casada es menos propensa a tener neumonía, requerir cirugía, desarrollar cáncer o sufrir ataques al corazón[3]. Qué increíble que declarar: "Sí, acepto" tenga el poder de reducir sus cuentas médicas y proteger su salud.

Sí, sólo he necesitado revisiones de rutina desde que dije:
"¡Sí, acepto!"

Por si estos hallazgos no fueran lo suficientemente sorprendentes, imagínese lo que podría lograr un matrimonio sano. Los estudios demuestran que nuestros cerebros están estructurados para aprender y florecer al máximo al interactuar con otros cerebros[4]. Dicho de otra forma, se supone que debemos vivir en relación con otros. Y cuando nuestra relación primaria es sana, la intimidad generada libera oxitocina en abundancia. Recordará que esta jugosa "hormona del amor" ha demostrado tener múltiples beneficios para la salud. Será impulsado no sólo por su vida en pareja, sino por sentirse completo en lo emocional y lo espiritual gracias a lo que han creado juntos.

NIÑOS QUE PROSPERAN

Quienes tienen niños saben que, como padres, nos preocupamos por *todo*. ¿Están comiendo bien? ¿Establecen amistades sólidas? ¿Les va bien en la escuela? Nos preocupa porque queremos que nuestros hijos se conviertan en adultos felices e independientes.

Bueno, pues adivine qué. Los niños cuyos padres están casados tienden a tener más éxito académico, a ser más estables en lo emocional y con más frecuencia asumen papeles de liderazgo[5].

Los niños con padres casados también utilizan drogas con menor frecuencia y cometen menos crímenes[6].

Y decir: "Sí, acepto" hace que todo esto suceda.

Ahora imagínese los beneficios que sus hijos podrían recibir si hubiera un matrimonio *sano*. Uno en el que usted y su pareja exhibieran respeto auténtico y compartieran muchas responsabilidades necesarias para construir una vida satisfactoria. Los niños que sean criados en este entorno aprenderán cómo tener "larga vida y prosperidad y paz en su tierra".

Qué gran oferta de dos por el precio de uno. **Si creamos un matrimonio de sociedad, nuestros niños se volverán fuertes y sanos gracias al proceso.** Resulta ser que lo más importante que puede hacer por sus hijos es enfocarse en crear amor real. Sus hijos lo absorberán. Así que con confianza puede tirar a la basura esos montones de libros de cómo ser un buen padre.

MAYOR SEGURIDAD FINANCIERA

Ahora exploremos el tema del dinero. Quienes se han divorciado saben lo difícil que puede ser desde el punto de vista financiero. Son simples matemáticas. Dos personas que antes financiaban un hogar tienen que financiar dos. El estilo de vida de todo el mundo se va para abajo.

Sin embargo, más allá de evitar los costos del divorcio, las parejas casadas generan mayor riqueza[7]. Los hogares de parejas casadas tienen, en promedio, alrededor del doble del ingreso y cuatro veces los ahorros netos que los divorciados o jamás casados[8].

El doble del ingreso familiar fácilmente podría ser la diferencia entre vivir con los ingresos reales (o incluso con menos dinero) y tener que endeudarse con la tarjeta de crédito. El ingreso extra también podría permitirle a una familia ir de viaje, tener dinero para reparar el coche (o comprar uno más nuevo), ayudar a los niños a graduarse en la universidad con menos deudas, o sin ninguna, reforzar los ahorros y las cuentas para la jubilación.

Esto significa mayor seguridad y más opciones para su familia.

Y aunque los matrimonios sanos no crean sueldos más altos automáticamente, sí producen parejas que pueden generar con mayor facilidad soluciones en las que todos ganan. Tener menos discusiones acerca de dinero significa que pasarán más tiempo disfrutando la compañía del otro. Más allá de las maneras más obvias que las parejas tienen para disfrutarse, también pueden practicar el ejercicio del diálogo para compartir aprecio (Verdad número 5: No importa lo QUE diga, sino CÓMO lo diga). Y puede aprovechar el ánimo relajado en el que estarán después de realizarlo para compartir algunos comportamientos que le parezcan especialmente afectuosos (Verdad número 9: Su matrimonio es motivo de risa).

¡Este es el tipo de ciclo que nos gusta impulsar!

BENEFICIOS EN LA ALCOBA

El siguiente descubrimiento en realidad fue una gran sorpresa. Resulta ser **que la gente casada tiene más sexo, y sexo de mejor calidad,** que los individuos solteros, divorciados o en una relación de cohabitación[9].

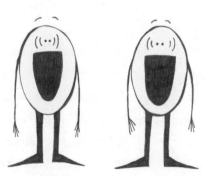

"¡Guau! ¿Quién lo hubiera pensado?!"

Ya ve, se negó la validez de ese mito tan antiguo. La mayoría de la gente da por hecho que el sexo prácticamente deja de darse cuando uno se casa.

Obviamente, hay etapas en que las parejas dejan de experimentar una unión de las mentes (o los cuerpos). Durante estos periodos de sequía, el pasto definitivamente puede parecer más verde en cualquier lado que no sea *dentro* del matrimonio.

Así que si cree que todo mundo está recibiendo sexo excepto usted, ¡sepa que no es así! Canalice su pasión a crear un matrimonio sano. Ayudará a que tanto usted como su pareja manifiesten *todos* sus sueños (incluyendo aquellos que ocurren en la alcoba). Conforme aumenta el amor real entre dos personas, también se incrementa la intimidad. Los psicólogos dicen que el órgano sexual más importante es el cerebro. Así que enfóquese en entrenar su mente. Liberará oxitocina, esa "hormona del amor" que definitivamente conduce a pensamientos, sentimientos y actos amorosos.

Es sorprenderte darse cuenta de que las ventajas del matrimonio se aplican hasta a los matrimonios más comunes. Pero Helen y yo creemos que esto es porque resulta difícil cuantificar el impacto de los matrimonios "felices". Sí, sabemos que los matrimonios tensos han demostrado reducir la inmunidad e incrementar la depresión. De hecho, un estudio reciente da a entender que un matrimonio tenso puede ser tan malo para el corazón como el hábito crónico de fumar[10].

¡Guau! Lo que esto nos dice a Helen y a mí es que probablemente sean los matrimonios más sólidos los que ofrezcan estas tremendas ventajas para la vida, y que **al construir matrimonios sólidos y** *sanos*, **¡los resultados serían increíbles!**

¿Así que por qué no buscar la medalla de oro?

Con este libro en sus manos, es más simple que nunca crear el matrimonio de sus sueños. Hacerlo requiere trabajo diario, por supuesto. No siempre será fácil. ¿Pero no vale la pena hacer un poquito de esfuerzo y sacrificar la idea de "tener la razón"?

¡SU RELACIÓN LO VALE!

Quiero compartirle otra historia. Esta vez no trata de Helen y de mí, sino de una pareja de uno de nuestros talleres. Estaba atrapada en una lucha de poder. De hecho, ya había solicitado el divorcio.

Ella estaba lista para *explotar*. Él estaba sentado, pasivo ante la furia de ella.

"¡Ajá!", pensamos, "la tormenta de granizo ha conocido a la tortuga. ¡Embonan perfectamente!"

Pero, ¿experimentaron una revelación? Sus primeros ejercicios de diálogo no resultaron bien. Con los puños firmemente cerrados, ella casi gritaba. Con furia silenciosa, él se retraía incluso más profundamente en su caparazón. La mayor parte del primer día nos preguntamos si llegarían al fin de semana.

Pero al segundo día empezaron a hacer progreso real con sus sesiones de diálogos. Pronto se sintieron lo suficientemente a salvo para bajar la guardia. Sorprendidos, vimos que su enojo se derretía y revelaban el amor y la compasión que habían tenido el uno por el otro desde siempre.

Cuando llegó el momento de despedirnos, las parejas compartieron comentarios sobre sus experiencias. Esta pareja se puso de pie. El esposo tomó en sus manos los documentos del divorcio, y con gran ceremonia los rompió en pedazos. Luego, con lágrimas en los ojos y una voz áspera, anunció: **"Llegué aquí con mi peor enemiga y me estoy yendo con mi mejor amiga."**

Esto es un ejemplo de las transformaciones que vemos, pareja tras pareja, cuando se comprometen a seguir las ideas que hemos compartido.

Y nos parece un honor ser testigos de ello una y otra vez.

Así que no se quede como espectador. No sólo lea este libro y siga deseando que su pareja fuera diferente. **Realice usted el cambio que quisiera ver. Empiece a mostrarle a su pareja la bondad que usted desea que** *ella* **le brinde a** *usted*.

Empiece, y su pareja se unirá a usted después de un tiempo.

La seguridad es contagiosa. La risa es contagiosa. La levedad es contagiosa.

El amor es contagioso.

¡El amor es contagioso!

Mientras más practique, más fuerte se volverá su relación. Así será hasta que experimente una comunión tan profunda que nadie se la pueda quitar.

CELEBRE QUE PUDIERON RECONECTARSE

Helen y yo, de hecho, llegamos a la tierra prometida de la comunión. Nos sentíamos tan felices y tan vivos que teníamos que contenernos para no gritar que estábamos felices desde la azotea del edificio más grande de Nueva York (sí, incluso yo, la tortuga, me sentía así).

En vez de hacer eso, creamos una ceremonia de reconexión y decidimos hacer después una gran fiesta para celebrar. Esto normalmente no sería algo de nuestro estilo. Yo tiendo a preferir comida casera servida en platos desechables en el jardín. Pero el matrimonio de sociedad te lleva a un territorio nunca antes descubierto.

Al tomar este libro, usted "audazmente ha ido adonde relativamente pocas parejas han ido antes." Y creemos que su disposición a hacer el esfuerzo de estirarse merece una celebración. Se reconectaron el uno con el otro gracias a este nuevo entendimiento que crearon. Saben que **juntos poseen todo lo que necesitan para tener "larga vida y prosperidad."**

No se preocupe. No tienen que invitar a todo mundo a una ceremonia de gala, no tienen que marchar a Washington y ni siquiera salir de casa. Pero al llegar a este punto, es muy hermoso renovar el compromiso que uno tiene con el otro en cualquier forma que a ambos les parezca mejor.

Verdad número 10: su matrimonio es el mejor
seguro de vida

EJERCICIO: ES TIEMPO DE VOLVER A HACER UN COMPROMISO

Primero:

1. Anote las promesas que quiera hacerle a su pareja el día de hoy (vea "Mis promesas para nuestra relación" en la página 205). Mientras reflexiona sobre qué desea escribir, piense en el trayecto que recorrió para crear amor verdadero. Ahora que está libre de la fuerza del amor romántico y se ha eliminado la lucha de poder, ¿qué le puede prometer a su pareja?

2. Una vez que ambos hayan terminado sus declaraciones por escrito, compartan sus promesas el uno con el otro. Pueden hacerlo inmediatamente tras escribirlas, mientras están sentados en la cama con pantalones deportivos. O esperar a compartirlas durante una ceremonia de nuevo compromiso ante su familia y amigos (¡o hacer ambas cosas!).

3. Planee una forma de celebrar que han vuelto a hacer un compromiso el uno con el otro, y de festejar el proceso mismo de crear amor real. Hay muchas maneras en las que ustedes pueden hacer esto.

   - Realicen una ceremonia para expresar su compromiso de nuevo.
   - Olvídense de las ceremonias y sólo hagan una gran fiesta.

- Tómense un fin de semana romántico o, incluso, una semana, una segunda luna de miel. Y compartan las promesas que se hagan el uno al otro en medio de un huerto de manzanos o en la playa.

- Hagan algo completamente inesperado o que no vaya con su personalidad, como saltar en paracaídas o tomar un paseo en globo aerostático. Que sea algo que quizá ambos hayan deseado, pero que nunca consideraron como prioridad. Esto podría incluir rentar motocicletas Harley-Davidson y acudir a un *rally*, hacer un viaje a un lugar exótico, descender al Gran Cañón (y de regreso) o irse de campamento durante una semana.

Luego:

¡Cumpla sus promesas, usándolas como inspiración para seguir creando la relación de sus sueños!

Y recuerde:

¡Realice el cambio que quisiera ver!

La revolución de las relaciones románticas

HELEN Y HARVILLE

Escribimos este libro para compartir la culminación del trabajo que hemos hecho hasta ahora. Nuestra meta fue darle las fórmulas más sencillas y eficaces para hacer que su matrimonio sea excelente. Le hemos ofrecido diez poderosas verdades para cambiar su entendimiento respecto a qué hace que las relaciones funcionen (o no). Cada una de esas verdades le fue ofrecida para modificar su entendimiento sobre lo que se necesita para formar una pareja exitosa. Y ahora que estamos llegando al final de nuestro tiempo con usted, queremos ayudarle a hacer el cambio más grande de todos.

Quizá piense que compró este libro para traerle nueva vida a su relación.

Esto es verdad.

Pero no la historia completa.

SU MATRIMONIO: LO QUE HAY DENTRO DE ÉL Y MÁS ALLÁ...

En el último capítulo, compartimos algunas estadísticas respecto del impacto que tiene el matrimonio sobre la pareja que afirma: "Sí, acepto". Para quienes son curiosos y se preguntan: "¿Hay algo más?", tenemos noticias importantes que compartir sobre cómo el matrimonio influye en nuestra sociedad.

Imagine los siguientes encabezados de periódico:

"¡Los economistas predicen un fin a la pobreza global dentro de los próximos cinco años!"

"Los directores generales de empresas comparten riqueza al incrementar los salarios de los empleados."

"Se reduce la incidencia de males cardiacos."

"Cierran más prisiones debido a que continúa la baja nacional en cuanto a crimen."

¿Qué causarían estos cambios tan dramáticos? Todo podría empezar cuando la gente eligiera dejar de juzgar y prefiriera mostrar curiosidad. Luego, al ver que le gustaba cómo se sentía esto, intencionalmente decidiría renunciar a la negatividad y mejor volverse empática. Al honrar las características que hacen única a cada persona, hablaría con más respeto con los demás. En otras palabras, lo que lo haría posible sería que las parejas empezaran a desarrollar nuevas habilidades para relacionarse en su matrimonio. Porque al hacerlo se transforma cómo se sienten las personas en relación con el mundo que las rodea y cómo interactúan con él.

AMOR: LA MÁXIMA SOLUCIÓN

En estas páginas, hemos destilado la esencia del trabajo que necesitan hacer como pareja, y lo hemos simplificado al máximo. Pero no cometimos el error de pensar que "simple" significa "fácil". Sabemos que el trabajo es un reto. Así que queremos recordarle las muchas razones por las que vale la pena hacerlo.

El divorcio es costoso para la familia fracturada, como lo confirmamos en el capítulo anterior. Pero esto es sólo el inicio. Se calcula que el costo promedio de un divorcio en Estados Unidos va de 15 mil a 30 mil dólares[1]. El divorcio, y tener hijos fuera del matrimonio, le cuesta a quienes pagan impuestos en Estados Unidos aproximadamente 112 mil millones de dólares anuales, y al menos un millón de millones a lo largo de una década[2]. Y son nuestros impuestos los que se encargan de financiar las agencias sobre las cuales recaen muchos de esos costos.

De acuerdo con un reporte especial: "Incluso muy pequeños aumentos en los índices de matrimonios estables propiciarían grandes beneficios para quienes pagan impuestos. Por ejemplo, una reducción de uno por ciento en las tasas de fragmentación familiar les ahorrarían 1.12 miles de millones de dólares anualmente[3] a quienes pagan impuestos". ¡Uno por ciento! Y nuestro gobierno podría tener mil millones adicionales para otros gastos. Vaya que eso reduciría el déficit. Y no se necesitaría eliminar ningún programa, ¡sólo mejorar la calidad de las relaciones!

El matrimonio no siempre tuvo esta clase de potencial. Gloria Steinem, icono feminista, reflejó el sentir de muchas mujeres cuando en los años setenta dijo que el matrimonio era peligroso para la mujer, debido al modelo de dominante/sumisa común en los matrimonios heterosexuales tradicionales. Por tanto, para que las mujeres se pudieran fortalecer, algunas tuvieron que dejar el hogar y otras tantas, su matrimonio.

El matrimonio de sociedad cambia todo esto. Una vez que dos personas aprenden a convivir en una relación de pareja consciente, el proceso puede ayudar a las mujeres a desarrollar una voz sonora y la más profunda sabiduría. En un paradigma de relaciones respetuoso, tanto mujeres como hombres pueden florecer.

Así que estamos buscando formas de fortalecer nuestra sociedad. Hay una nueva conciencia creciente que ofrece sabiduría útil para todos. Al llevar intencionalmente la ventaja del matrimonio a nuestra cultura, ofrecemos cinco verdades finales para ayudar en esa transformación. Pensó que compraba un libro con diez verdades, ¡y le estamos regalando otras cinco!

1. Los matrimonios saludables son lo máximo en prevención

Desafortunadamente, los encabezados que leemos a diario son muy distintos a los que anotamos arriba. Nuestra sociedad lucha contra muchos problemas, como el embarazo en la adolescencia, el alcoholismo, los estudiantes de preparatoria que dejan la escuela y la pobreza, por nombrar algunos.

Enfocarse en esos problemas es lo que llamamos "limpiar río abajo".

Por supuesto que usted querría limpiar un río lleno de contaminación. Pero tarde o temprano se volvería a contaminar. Lo que significa que lo tendría que limpiar de nuevo. Necesitaría *seguir limpiando ese mismo río una y otra vez*.

Tanto nuestros gobiernos como diversas organizaciones privadas destinan miles de millones de dólares a limpiar el río. ¿Por qué no mejor averiguar de dónde vienen los contaminantes?

Los problemas que hay río abajo son síntomas de una comunidad poco sana.

Para ir río arriba, se debe componer la comunidad.

El núcleo de cualquier comunidad es la familia.

Y el núcleo de la familia es la pareja.

En síntesis: **los hogares sanos conducen a una sociedad sana. Y la manera de asegurar que haya hogares sanos es tener parejas sanas.**

Si quiere crear una sociedad formada por individuos que sepan cómo asumir su responsabilidad, necesita empezar por el hogar. Si quiere desarrollar más compasión y cariño en el mundo, debe desarrollarlos en el hogar. Para construir un hogar sano, necesita sanar a la pareja. Porque las parejas son de donde surge nuestra sociedad.

Y puede ser tan sencillo como enfocarse en las ideas y los ejercicios que aprende en este libro.

2. Las relaciones sanas crean individuos fuertes

Durante años se creyó que para convertirse en un individuo fuerte era necesario enfocarse en cuidar de sí mismo. El filósofo Sócrates creía que la sabiduría surgía tras "Conocerse a uno mismo". "Se conoce uno mismo por medio de sí mismo", dijo Krishna, quien es considerado un ser supremo, una deidad en la tradición hindú. "Pienso, luego existo", declaró otro filósofo, Descartes. Éstos sólo son tres de los muchos que avalan este enfoque.

Nosotros estamos en desacuerdo. Creemos que descubrimos quiénes somos cuando estamos dentro de **una relación y no de** forma aislada. Nacemos en relación con los demás. Nos hieren dentro de una relación. Nos sanan dentro de una relación. No podemos saber ni convertirnos en quienes somos *a menos* que estemos en una relación. Esencialmente, somos nuestras relaciones. Y la relación más poderosa para el autodescubrimiento y la transformación es nuestra relación amorosa primaria. Es dentro de este contexto que usted puede reprogramar su cerebro y cambiar la manera en que piensa y siente.

No somos los únicos que lo creemos. Un cambio sutil está difundiéndose por todo el globo terráqueo. Nos lleva a enfocarnos ya no en el individuo, sino en la relación. Es un cambio de paradigmas que deja de tomar al ser como el centro, para entender que el centro es la relación. Conforme las fronteras que separan estados y países se vuelven más porosas, descubrimos que no sólo *no* nos podemos escapar del otro, sino que además *nos necesitamos el uno al otro*. Más y más personas se dan cuenta de que estamos programados para conectarnos. Eso hace que la pregunta clave sea: ¿cómo podemos tener una conexión sana?

Comprometernos a compartir una vida con alguien más es un honor y una responsabilidad. Y no decimos esas palabras a la ligera. El papel de quienes eligen comprometerse con una pareja de por vida es un papel de amigo, persona que apoya, abogado y sanador. **Se necesita comprometerse a crear una relación sana a fin de madurar como individuo.**

3. La vida en pareja como camino espiritual

Una vez oímos que alguien dijo: "Si quiere probar su nivel de iluminación, pase una semana con su familia." ¡Y vaya que algunos nos podemos identificar con esto!

Recuérdenme de nuevo por qué era buena idea ir a casa de
mis papás a visitarlos...

Muchas personas se van por su cuenta a un retiro, a fin de nutrir su vida espiritual, acto que los saca de la relación. Es magnífico hacerlo, y no lo criticamos. Pero existe otra forma de evolucionar como ser espiritual. Es una más cercana a usted, porque, de hecho, *necesita quedarse en casa*. Se logra al desarrollar su capacidad de amar auténticamente al "otro". Hay que enfrentarlo, sentirse en paz es fácil cuando uno está alejado de los problemas diarios de la vida. Es la razón por la que la gente toma vacaciones.

Es mucho más difícil encontrar nuestro centro de paz cuando miramos el rostro de otra persona, en especial cuando ese "otro" quizá no se sienta en paz *con nosotros*. Y cuando el ser amado está molesto y lo expresa sin cuidado, ¡olvídelo! ¡La paz sale por la ventana!

Por esta razón, decimos que **uno de los caminos espirituales más grandes consiste en quedarse dentro de su relación y aprender a** *amar realmente a su pareja,* **con todo y sus defectos.** Esto sucede cuando puede validar la experiencia de su pareja y expresar empatía, incluso si le parece que su experiencia no tiene sentido.

Te amo, ¡con todo y tus defectos!

Elevar su relación a este nivel transforma el proceso Imago en una práctica espiritual. Al igual que la meditación y la oración, el diálogo reduce su velocidad, brinda silencio a la mente y lo invita a hacer a un lado los pensamientos inútiles que repasa obsesivamente en su cabeza. En vez de esto, usted se porta como un espejo ante las palabras de su pareja y se imagina cómo se siente, convirtiéndose en un verdadero testigo de su experiencia. Y cuando le ofrece un comportamiento afectuoso y le habla desde el punto de vista del búho y no del cocodrilo, pone en acción la neuroquímica del amor. Esto le parece que se siente magnífico, y a su pareja igual.

Lo divino está esperando para aparecer en el espacio que hay entre ustedes.

El espacio sagrado que creen será algo que ambos venerarán.

Caminar por la ruta de un matrimonio consciente puede no ser fácil, pero de verdad es una forma de experimentar el cielo en la tierra. Y siempre puede recurrir a su fe para tomar fuerza. Aprender a amarse sinceramente el uno al otro los hará sentir muy bien, y como se maravillarán, esta actitud positiva tendrá influencia sobre todas las demás áreas de su vida.

4. El matrimonio no es una enfermedad, es la cura

Con frecuencia, cuando hay tensión en un matrimonio y la pareja busca ayuda, hacemos un diagnóstico y/o ofrecemos medicina (o se la ofrecemos a sólo alguno de los individuos que conforma la pareja). O, peor todavía, respetamos una separación, con la esperanza de que pasar un tiempo a solas permitirá que ambos individuos se pongan en orden.

Y también existe la cláusula de la escapatoria: el divorcio. Algunas personas entonces se vuelven a casar, y así intercambian una pareja por otra, como intercambiarían una prenda de vestir, si la primera no les quedó bien.

De nuevo, eso es algo que percibimos de manera diferente. Para ser sinceros, **¿en qué relación no hay dificultades en diferentes momentos de ésta? Esto no significa que la relación —ni que la institución del matrimonio como tal— estén dañadas.**

Los matrimonios sanos son la máxima prevención de problemas. Creemos que debemos enfocarnos en el potencial que el matrimonio tiene para sanar nuestras culturas. Empecemos a preocuparnos por el bienestar de nuestros matrimonios. Como cultura nacional y global, necesitamos atesorar el arte de crear matrimonios sanos.

Que sea una prioridad.

Dediquemos fondos a ello.

Hay que promoverlo.

5. La educación sobre las relaciones románticas debe impulsarse y estar disponible para todos

¿Desea ejercer medicina o leyes? Le esperan años de estudios, luego necesita aprobar determinado número de exámenes para conseguir su licencia. ¿Quiere ser un electricista o un plomero? Debe tomar cursos y pasar algunas pruebas antes de lograrlo. Si quiere vender bienes raíces o intercambiar acciones, también tiene que estudiar y conseguir su licencia de corredor. ¿Quisiera tomar el timón de un barco o manejar un tráiler? Sí, necesita estudiar y pasar un examen para recibir una licencia.

Bueno, incluso si quiere manejar un coche necesita practicar y pasar un examen antes de recibir su licencia.

Sin embargo, para recibir un acta de matrimonio, prácticamente todo lo que tiene que hacer es pagar en el registro civil.

Esto simplemente no es suficiente.

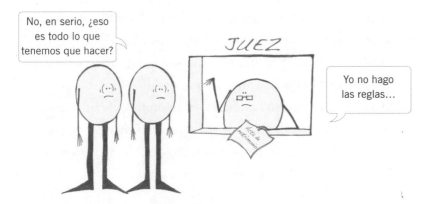

Se requieren conocimientos y compromiso para crear relacio- nes diferentes que impacten de forma positiva a la pareja y lo que les rodea. Necesita aprender y practicar las habilidades ne- cesarias para que cada persona crezca hasta alcanzar su potencial como sanador de su relación.

Para que suceda, la sociedad en general necesita apoyar. Escuelas, instituciones religiosas, centros comunitarios, institu- ciones de salud mental, programas gubernamentales e incluso coordinadores de bodas y ceremonias necesitan trabajar juntos. Todo el que tenga acceso a las parejas necesita tener como prio- ridad la distribución de información que les ayude a construir matrimonios sanos.

Hasta podríamos empezar antes. En la actualidad, hay es- cuelas que a nivel primaria han agregado a la materia de salud un curso veloz de cómo cuidar bebés (quizá alguno de ustedes recuerde haber tenido que formar pareja con algún compañero de clases y cargar un huevo o una bolsa de harina durante una semana). **Así que imagínese los avances que lograríamos si las generaciones futuras aprendieran desde temprano la impor- tancia de proteger su relación de compromiso, así como algu- nas habilidades necesarias para ello.**

Y *especialmente* requerimos apoyo del gobierno. ¡Imagínese la creación de un Departamento de Relaciones Sanas!

Trabajar para que su matrimonio sea tan fuerte y sano como sea posible es lo más importante que puede hacer. Esto influye sobre usted, su pareja, su familia *y* nuestro mundo. Si tuviéramos la intención de asegurar la salud de nuestros matrimonios, podríamos hacer progreso real en cuanto a la reducción de nuestro déficit y hasta crear una civilización basada en el amor.

AYUDE A CREAR EL CAMBIO

Creemos tanto en esta visión que, con otros destacados expertos en relaciones, nos hemos empezado a organizar para que se vuelva real. Tenemos dos metas:

- Lanzar un movimiento global para aumentar la conciencia del público respecto a la conexión esencial que existe entre las relaciones sanas y una sociedad sana.
- Establecer que el apoyo brindado para la creación de relaciones sanas es un valor social primario.

¡Y usted puede ayudar!

En todos lados hay parejas que ya están a la vanguardia. La terapia Imago, en la que se basa este libro, sin fondos ni un plan estratégico, se ha diseminado en más de treinta países. Hay muchos asesores, terapeutas y miembros del clero que han adoptado partes clave de nuestra teoría y las usan al trabajar con parejas. Sume a eso la profundidad de la sabiduría y el alcance de aquellos que hemos juntado para lanzar un movimiento global, y queda claro que ha llegado el tiempo de enfocarnos en crear matrimonios sanos.

Está dándose una revolución en las relaciones.

Es algo importante en este momento.

Lo que ahora parece vanguardista pronto será la idea más difundida.

Y, desde luego, el componente más crucial de este movimiento es cada pareja individual que, con valor, elige seguir el camino para crear la relación de sus sueños.

Usted también puede unirse a esta revolución de las relaciones. Al comprar y leer este libro, de manera no oficial se ha conectado con este movimiento mayor. Ahora queremos invitarlo a unirse a nosotros. Sume su voz a la nuestra conforme difundimos este mensaje en cada rincón del planeta.

¿Cómo sería esto?

Primero, usted necesitaría continuar con lo que está haciendo: reconocer la importancia de su relación y cuidarla, y cuidar a su pareja.

También puede compartir este libro o los libros de nuestros colegas —o simplemente las ideas contenidas en ellos— con su familia, sus amigos e, incluso, compañeros de trabajo.

Si esta idea lo incomoda, recuerde esos momentos oscuros cuando tenía problemas en su relación. Muchas parejas de nuestros talleres nos han compartido que en esos momentos se sintieron muy solas. Al verlos desde afuera, parecía que todos los demás tenían relaciones perfectas. Al creer esto, su infelicidad se sumaba a la vergüenza.

Para que ocurra esta revolución en las relaciones, necesitamos romper con ese aislamiento. No es necesario invertir mucho tiempo ni compartir detalles personales. Un simple: "¡Guau!, mi pareja y yo sí que estábamos discutiendo el otro día, pero vaya que encontramos algo que ayudó", o "Mi pareja y yo nos sentíamos muy desconectados, pero quiero contarte cómo lo solucionamos", o alguna frase por el estilo puede hacer maravillas. Con esto, planta una semilla. Y en cierto momento, si alguno de sus amigos tiene problemas, recordará lo que le dijo.

Así que agregue la construcción de matrimonios sanos a la lista de bendiciones por agradecer. No dude en compartir sus experiencias con alguna pareja que crea que tiene problemas. Enseñe a sus hijos a dialogar. Regáleles este libro después de que lleven a casa a su primer novio o novia formal, o inclúyalo con algún regalo para una despedida de soltera.

Los matrimonios sanos favorecen hogares sanos, los que generan una sociedad sana.

Qué refrescante. Qué cierto.

Y (quizá lo más atractivo) *qué posible es lograrlo.*

Estamos comprometidos con construir matrimonios de sociedad, de una relación en una. Es por ello que escribimos este libro. Ahora depende de usted dirigir el rumbo que tomará el futuro de su matrimonio. Su compromiso con este trabajo lo conecta con nuestros esfuerzos y con los de miles de otras parejas en todo el planeta. Nuestros números aumentan a diario.

Le agradecemos que haya tenido el valor y la terquedad suficientes para continuar con nosotros (y, desde luego, para continuar *¡el uno con el otro!*). Conforme avance en esta travesía, recuerde: **tiene el poder de crear el matrimonio de sus sueños.** Y cuando lo haga, también puede contribuir a crear un mundo nuevo en el que todos podamos tener larga vida y prosperar.

Reciba nuestro agradecimiento y muchas bendiciones.

Harville y Helen

PROGRAMA DE EJERCICIOS

HARVILLE Y HELEN

El siguiente programa de ejercicios le da las herramientas que necesita para crear la relación de sus sueños. A continuación aparecen los mismos ejercicios que se incluyeron al final de cada capítulo, con espacio para hacer uno a uno. Usted y su pareja también pueden usar un cuaderno o diario para documentar por separado sus pensamientos y su progreso. O bien, cada uno puede tener su propia copia de este libro.

¡Nuestra meta es ayudarle a tener éxito!

DONDE SUCEDE LA MAGIA

El programa de ejercicios que aparece a continuación contiene todos los ejercicios que vinieron después de cada Verdad. Recomendamos practicarlos en el orden en que los presentamos originalmente, pero es una regla que se puede romper. He aquí algunas ideas para crear su propio programa.

1. Programen una cita romántica diurna o nocturna una o dos veces a la semana (por ejemplo, el martes por la noche y/o el sábado en la tarde). Elijan una verdad, comprométanse a leerla de antemano y hagan el ejercicio que tiene que ver con esa verdad durante el tiempo que destinarán a pasar juntos. Por ejemplo, si eligió hacer los ejercicios una vez a la semana —cada jueves— su programa de ejercicios podría ser así:

SEMANA	DOMINGO	LUNES	MARTES	MIÉRCOLES	JUEVES	VIERNES	SÁBADO
1					*Verdad número 1: Antes y ahora*		
2					*Verdad número 2: Domar a la tormenta de granizo y animar a la tortuga*		
3					*Verdad número 3: Lo que extrañan y lo que desean*		
4					*Verdad número 4: Limpiar el espacio entre los dos*		
5					*Verdad número 5: Proceso de diálogo Imago*		
6		*Practicar proceso de diálogo Imago*			*Verdad número 6: Ritual de mostrar aprecio*	*Ritual de mostrar aprecio*	*Ritual de mostrar aprecio*
7	*Ritual de mostrar aprecio*	*Ritual de mostrar aprecio*	*Practicar proceso de diálogo Imago*	*Ritual de mostrar aprecio*	*Verdad número 7: Petición de cambio de comportamiento*	*Ritual de mostrar aprecio*	*Ritual de mostrar aprecio*
8	*Ritual de mostrar aprecio*	*Ritual de mostrar aprecio*	*Ritual de mostrar aprecio*	*El otro miembro de la pareja hace PCC, si no les tocó a ambos ayer.*	*Verdad número 8: Entrene su cerebro*	*Entrene su cerebro y Ritual de mostrar aprecio*	*Entrene su cerebro y Ritual de mostrar aprecio*
9	*Entrene su cerebro y Ritual de mostrar aprecio*	*Entrene su cerebro y Ritual de mostrar aprecio*	*Entrene su cerebro y Ritual de mostrar aprecio*	*Entrene su cerebro y Ritual de mostrar aprecio*	*Verdad número 9: ¡Llame a la alegría!*	*Entrene su cerebro y Ritual de mostrar aprecio*	*Entrene su cerebro y Ritual de mostrar aprecio*
10	*Entrene su cerebro y Ritual de mostrar aprecio*	*Entrene su cerebro y Ritual de mostrar aprecio*	*Entrene su cerebro y Ritual de mostrar aprecio*	*Entrene su cerebro y Ritual de mostrar aprecio*	*Verdad número 10: Es tiempo de volver a hacer un compromiso*	*Si desea profundizar más, siga con Entrene su cerebro & ritual de mostrar aprecio. Use el diálogo y la PCC, conforme se requiera.*	

Nota: recomendamos hacer los ejercicios de Ritual de mostrar aprecio y de Entrene su cerebro a lo largo del resto del programa de ejercicios (¡incluso a lo largo de su matrimonio!).

2. ¡Es momento de irse de retiro! Planeen un viaje a un lugar divertido o tomen vacaciones en su hogar. Desde antes preparen un horario para hacer los ejercicios juntos (asegúrese de que cada uno haya tenido tiempo de leer las Verdades con anticipación). Un programa de muestra para un retiro podría ser:

	DÍA 1	DÍA 2	DÍA 3	DÍA 4	DÍA 5	DÍA 6	DÍA 7
AM		*Verdad número 2: Domar a la tormenta de granizo y animar a la tortuga*	*Verdad número 4: Limpiar el espacio entre los dos*	*Verdad número 6: Ritual de mostrar aprecio*	*Verdad número 7: Petición de cambio de comportamiento*	*Verdad número 9: ¡Llame a la alegría!*	*Verdad número 10: Es tiempo de volver a hacer un compromiso*
PM	*Verdad número 1: Antes y ahora*	*Verdad número 3: Lo que extrañan y lo que desean*	*Verdad número 5: Proceso de diálogo Imago*	*Verdad número 7: Petición de cambio de comportamiento*	*Verdad número 8: Entrene su cerebro y Ritual de mostrar aprecio*		
JUSTO ANTES DE DORMIR				*Ritual de mostrar aprecio*	*Entrene su cerebro y ritual de mostrar aprecio*	*Entrene su cerebro y ritual de mostrar aprecio*	

LOS CONOCIMIENTOS NO BASTAN

El hecho de crear un matrimonio de sociedad es altamente empoderador. A fin de cuentas, todo depende de *usted*. **Al crear una relación sana, usted y su pareja tienen el poder de crear el matrimonio de sus sueños.** Hacer este esfuerzo le permite reprogramar su cerebro, con el propósito de estar más predispuesto a disfrutar incluso más de las cosas maravillosas que su matrimonio y su vida todavía tienen por ofrecerle.

Conforme continúe con este trabajo, habrá días —e incluso semanas seguidas— en las que se sentirá como todo un éxito,

como si ya dominara todo este asunto del matrimonio de sociedad. Y también habrá momentos en que lo único que querrá hacer
es tirar la toalla. Esto es *completamente normal*. Por favor, no se
desespere cuando salgan a la superficie las frustraciones. Por el
contrario, sea tolerante consigo mismo. Se ha estado estirando
hacia un nuevo territorio, y su cerebro está apretando el botón de
reinicio, pues está tratando de hacer que usted regrese a su antigua
manera de hacer las cosas. Tómese un tiempo libre, diviértase con
el otro y vuelva a iniciar el programa.

El conocimiento puede brindar poder. Pero no es suficiente.
Por la mala, aprendimos que la pura capacidad de entender no lo es
todo. Fue cuando nos comprometimos a practicar las herramientas
a diario que realmente empezó a haber cambios. Fue el impacto
acumulativo de estos cambios lo que nos llevó a lograr la conexión
profunda que tenemos.

Si son como casi todas las demás parejas que conocemos, probablemente uno tendrá mayor compromiso (y entusiasmo) que el
otro en relación con los ejercicios. Esto por lo general significa que
las tortugas (que son menos propensas a seguir instrucciones) necesiten estirarse un poco. Y las tormentas de granizo (que tienden
a emocionarse demasiado cuando se trata de lograr que las cosas
se hagan) necesiten contenerse un poco.

Y sí, definitivamente, así fue en nuestro propio caso.

Harville: Cuando Helen se acercó a mí por primera vez para
ver si quería hacer los ejercicios, me oculté en mi caparazón. Por
supuesto que han ayudado a otras parejas. Desde luego que lo sabía; yo había creado estos ejercicios y los había enseñado durante
años. Sin embargo, me resistía ante la idea de *sentarme a hacerlos
yo mismo*.

Helen: Una vez que Harville aceptó a regañadientes, supe
que a toda costa era importante que me mantuviera relajada. Si mi

agresiva tormenta de granizo se hubiera presentado, este esfuerzo no se habría sostenido.

Así que tuvimos que ir despacio en un principio. Pero no pasó mucho tiempo antes de que nuestra relación empezara a brindarnos una sensación muy, muy buena. Y mientras más practicamos, más divertido se volvió. Muy pronto estábamos salvaguardando nuestro tiempo para realizar los ejercicios, ¡pues queríamos seguir pasando un buen rato!

Así que lo animamos a comprometerse a absorber las ideas de este libro *y también* a practicar los conceptos por medio de los ejercicios. Es esta combinación la que realmente transforma la vida.

Practicar las clases de acciones que le recomendamos en los ejercicios requiere hacer las cosas de manera diferente que antes (y, hay que enfrentarlo, si lo que usted había estado haciendo le hubiera funcionado, no hubiera empezado a leer este libro). Prepárese para estirarse, pero si la cola del cocodrilo empieza a golpear demasiado, si la tortuga no puede ser sacada de su caparazón o si la tormenta de granizo empieza a presentar truenos, recuerde darse un descanso. **Busque a su búho.** Recuerde la Verdad número 9: Su matrimonio es motivo de risa. Vayan de paseo, vean una película, preparen una comida juntos o pasen a la alcoba. Una vez que se hayan relajado un poco juntos y quizá haya liberado un poco de oxitocina, estarán preparados para continuar.

En cualquier momento, también pueden revisar nuestra página en Internet (www.MakingMarriageSimple.com) para obtener más información. La hemos llenado con historias, más ejercicios y secciones sobre herramientas. También hay una lista de terapeutas Imago en el mundo entero, así como los horarios actuales en nuestros talleres.

Verdad número 1: el amor romántico es un truco

EJERCICIO: ANTES Y AHORA

El amor romántico, en conspiración con su inconsciente, hizo que se enamorara de alguien cuyos comportamientos detonaran sus heridas de la temprana infancia. Ahora como adulto, dentro de una relación de compromiso con su pareja y gracias a las herramientas que hemos presentado en este libro, tiene la oportunidad de crear un resultado distinto y más feliz.

El primer paso es ver la similitud entre su pareja y sus padres. Quizá no la ubique de inmediato. Recuerde, no es que su pareja luzca como sus padres, y ni siquiera es necesario que actúe como ellos. Lo que sucede es que *usted se sentirá de la misma manera con su pareja que como se sentía con sus padres*. Explorar esta conexión entre el pasado y el presente permite remplazar la culpa con curiosidad y entendimiento, y crear las bases del trabajo que ahora harán en pareja.

Primero:

1. Escriba las frustraciones que recuerde tuvo respecto a sus cuidadores de la infancia y cómo se sentía (puede usar "Frustraciones de antes y ahora" en la página 171, que es parte del programa de ejercicios al final del libro). Las frustraciones pueden ser un suceso específico o una experiencia en general.

   Recordatorio: Los cuidadores incluyen a cualquier persona que fuera responsable de cuidarlo cuando era niño, por ejemplo un padre, un hermano mayor, un pariente o una niñera.

2. Haga una lista de las frustraciones constantes que tenga con su pareja y cómo lo hacen sentir. Apunte la mayor cantidad que pueda, incluyendo las irritaciones menores y también las cosas que realmente le molestan.

3. Mire ambas listas y busque similitudes.

Luego:

Platique sobre las similitudes entre las dos listas con su pareja. Mientras las comparte, notará que aumenta la curiosidad del uno por el otro. Es difícil sentirse curioso y frustrado al mismo tiempo. En el ejercicio de la Verdad número 7 (La negatividad es un deseo disfrazado), usted verá cómo convertir las frustraciones más fuertes que tenga con su pareja en solicitudes específicas para crecer y sanar.

Y recuerde:

Noventa por ciento de nuestras frustraciones con nuestra pareja provienen de experiencias en nuestro pasado. Esto significa que sólo diez por ciento de las actuales tienen que ver con ustedes.

FRUSTRACIONES DE ANTES Y AHORA

Mi nombre: _____

Mis frustraciones de la infancia

Frustraciones de la infancia	Sentimiento(s):
Ejemplo (general): *Cuando mi padre me critica todo el tiempo.*	*No soy suficientemente bueno.*
Ejemplo (específico): *Cuando mi hermano mayor olvidó mi cumpleaños.*	*Enojado / poco importante.*

Mis frustraciones con mi pareja

Frustraciones con mi pareja	Sentimiento(s):
Ejemplo (general): *Cuando te quejas de que la casa está tirada y desordenada.*	*No soy suficientemente bueno.*
Ejemplo (específico): *Cuando preparé una cena especial para nosotros el mes pasado y te la pasaste jugando juegos en la computadora durante dos horas.*	*Enojado / poco importante.*

FRUSTRACIONES DE ANTES Y AHORA

Mi nombre: _____

Mis frustraciones de la infancia

Frustraciones de la infancia	Sentimiento(s):
Ejemplo (general): *Cuando mi padre me critica todo el tiempo.*	*No soy suficientemente bueno.*
Ejemplo (específico): *Cuando mi hermano mayor olvidó mi cumpleaños.*	*Enojado / poco importante.*

Mis frustraciones con mi pareja

Frustraciones con mi pareja	Sentimiento(s):
Ejemplo (general): *Cuando te quejas de que la casa está tirada y desordenada.*	*No soy suficientemente bueno.*
Ejemplo (específico): *Cuando preparé una cena especial para nosotros el mes pasado y te la pasaste jugando juegos en la computadora durante dos horas.*	*Enojado / poco importante.*

*Verdad número 2: la incompatibilidad
es motivo para casarse*

EJERCICIO: DOMAR A LA TORMENTA DE GRANIZO Y SACAR A LA TORTUGA

La incompatibilidad y la tensión que surge al haber opuestos son vitales para sanar y crecer. Y una de las formas en que usted y su pareja son opuestos es en la manera en que responden ante el conflicto.

Al leer el capítulo de la Verdad número 2, probablemente le pareció fácil determinar quién era la tortuga y quién la tormenta de granizo. Si no fue así, tómese un tiempo para regresar y leer las descripciones y hablar del tema. Si las respuestas aún no llegan, piense en cómo reacciona cuando está realmente frustrado, ¡y también se lo puede preguntar a su pareja!

Saber quién es resulta útil, pero ¿qué se puede hacer al respecto? A continuación se encuentran ideas que nosotros, al igual que las parejas en nuestros talleres, hemos encontrado funcionales. Estas ideas son excelentes si se usan cuando estén en medio de alguna discusión. Pero también las puede utilizar *antes* de que surja ningún conflicto, para evitar que granice o que la tortuga se esconda.

Saque a esa tortuga

Usted es una tormenta de granizo y su tortuga está firmemente atrapada en su caparazón. He aquí algunas ideas para animarla a salir:

1. Pregúntele qué necesita en este momento. *No se moleste si ella no está segura. Sólo haga la pregunta, y luego enfóquese en ser alguien que le brinde a su pareja la suficiente seguridad como para que se abra. Vuélvase más curioso acerca de por qué su tortuga tiene un caparazón duro (y una pancita suave).*

2. No haga nada. *Ésta es la opción más sencilla (y por lo general la más eficaz). Pero también suele ser la más difícil para una tormenta de granizo. El punto es que si le da a su tortuga un poco de espacio, saldrá de su caparazón pronto y usted ya no se sentirá solo.*

3. Escriba una nota corta y bondadosa con halagos sinceros y déjela en algún lugar donde la pueda encontrar (por ejemplo, en su escritorio, mesa de noche o portafolios, o pegada con cinta adhesiva al espejo del baño). *Esto le recuerda a la tortuga que la valora.*

Calme a la tormenta de granizo

Usted es una tortuga y su tormenta de granizo está iracunda, y lo golpea con granizo del tamaño de pelotas de golf. He aquí algunas ideas para calmar a esa nube tormentosa:

1. Déjele un detalle que muestre su agradecimiento, una flor, una nota bondadosa o uno de sus bocadillos favoritos. *Este pequeño gesto le permite ver que a usted le importa y que no se está ocultando.*

2. Pregunte "¿Qué pasa?", y luego repita lo que su tormenta de granizo diga.

3. Si realmente quiere calmar a la tormenta de granizo, puede preguntar "¿Hay algo que pueda hacer por ti?" *Más que ninguna otra cosa, esto permitirá que la tormenta de granizo sepa que usted la cuida. Y tener una pareja que la cuida es lo principal para la tormenta de granizo. El asunto es que usted necesita dar seguimiento y realmente LLEVAR A CABO lo que prometió hacer por ella. De lo contrario, ¡el granizo que le está cayendo encima se volverá más grande!*

<u>Y recuerde:</u>

La incompatibilidad no sólo es motivo para casarse... ¡Brinda la oportunidad de crear un estupendo matrimonio!

Verdad número 3: el conflicto es el crecimiento
que intenta ocurrir

EJERCICIO: LO QUE EXTRAÑAN
Y LO QUE DESEAN

El conflicto que experimentan es normal. No están solos. Cada pareja del planeta tiene problemas en ciertas épocas. ¡Fiu! Qué alivio.

El conflicto tiene un mensaje. Algo nuevo intenta surgir en su relación. Mientras mejor puedan identificarlo, más fácil será permitirle suceder. Y este ejercicio lo ayudará justamente con eso.

Primero:

1. Anoten las cosas que les encantaban acerca de su relación cuando se acababan de conocer, y que ahora extrañan (Vean "Lo que extrañan y lo que desean" en la página 178).

2. Luego escriban algo que han anhelado sentir en su relación, algo que posiblemente nunca hayan sentido antes.

Luego:

Por turnos, compartan los puntos de cada lista. Mientras lo hacen, es natural que surjan recuerdos. Compártanlos también. Por ejemplo, si uno de sus deseos es viajar con frecuencia, esto lo puede llevar al recuerdo de un magnífico viaje que tomaron cuando iniciaban su relación. Compartir ese recuerdo, y abrazarse mientras lo hacen, hará que su cerebro libere oxitocina, la hormona del amor que es responsable de todos los sentimientos maravillosos que tuvo cuando estuvo en la fase del amor romántico de su relación.

También pueden hacer una lista de cosas que desean crear en su relación y colgarla en la puerta del refrigerador. Algunas de ellas pueden ser relativamente pequeñas (como ser más afectuosos el uno con el otro o invitar amigos más seguido) y algunas pueden ser más grandes (como tomar una segunda luna de miel). Poner a la vista sus deseos en cuanto a la relación le recordará que debe enfocarse en crearlos.

Y recuerde:

Al estirarse para darle a su pareja lo que necesita, usted desarrolla nuevas habilidades.

¡LO QUE EXTRAÑAN Y LO QUE DESEAN!

Mi nombre: _____

EXTRAÑO
Me encantaba/encantó cuando…

Ejemplo (general):	*cenábamos a la luz de las velas.*
Ejemplo (específico):	*hicimos un viaje espontáneo para pasar un fin de semana en Boston.*

DESEO
Quisiera que pudiéramos…

Ejemplo (general):	*tener más sexo espontáneo.*
Ejemplo (específico):	*ir juntos a una obra de Broadway.*

¡LO QUE EXTRAÑAN Y LO QUE DESEAN!

Mi nombre: _____

EXTRAÑO
Me encantaba/encantó cuando...

Ejemplo (general):	*cenábamos a la luz de las velas.*
Ejemplo (específico):	*hicimos un viaje espontáneo para pasar un fin de semana en Boston.*

DESEO
Quisiera que pudiéramos...

Ejemplo (general):	*tener más sexo espontáneo.*
Ejemplo (específico):	*ir juntos a una obra de Broadway.*

*Verdad número 4: estar presentes el uno
para el otro sana el pasado*

EJERCICIO: LIMPIEN EL ESPACIO
ENTRE LOS DOS

¡Ah!, el espacio entre los dos —el espacio invisible que determina la salud de su relación— puede llenar este espacio entre los dos con tensión y conflicto, o puede llenarlo con amor y seguridad. He aquí un ejercicio que lo ayudará a transformar su espacio entre los dos en un espacio sagrado.

Primero:

1. En las fotos de las páginas 182-183, escriba su nombre en uno de los círculos pequeños y el nombre de su pareja en el otro.

2. En el círculo grande de arriba, apunte todos los pensamientos, sentimientos y comportamientos que puedan describir las cosas positivas que hay en el espacio entre los dos, las cosas que son MARAVILLOSAS. Éstas son las cosas que brindan seguridad, conexión y/o pasión a su relación, como: respeto, amor, colaborar como padres, noches en las que tienen citas románticas.

3. En el círculo de abajo, apunte todos los pensamientos, sentimientos y comportamientos que puedan describir las cosas negativas del espacio entre los dos, las cosas que son UN RETO. Éstas son las cosas que traen duda, falta de conexión y/o molestias a su relación, como: falta de confianza, críticas, falta de intimidad, nada de diversión.

Luego:

Comparta con su pareja cómo *ella* contribuye a lo que es *maravilloso* en su relación. (Por ejemplo: *"Lo mejor que me parece que traes a nuestro espacio es..."*) Luego, diga cómo es que *usted* ayuda a crear los retos. (Por ejemplo: *"Creo que contribuyo a crear retos entre nosotros cuando..."*) Finalmente, exploren juntos algunas ideas en las que ambos puedan incrementar lo maravilloso y retirar los retos para crear seguridad en el espacio de en medio y transformarlo en un espacio sagrado.

<u>Y recuerde:</u>

Una de las cosas más profundas y bellas acerca de las relaciones es que se nos haya pedido tomar el papel de sanador del otro.
¡Esto significa que NO hay vergüenza, culpa o crítica entre ustedes!

EL ESPACIO ENTRE LOS DOS

Mi nombre: _____

MARAVILLOSO

DIFÍCIL

EL ESPACIO ENTRE LOS DOS

Mi nombre: _____

MARAVILLOSO

DIFÍCIL

Verdad número 5: no importa lo QUE diga,
sino CÓMO lo diga

EJERCICIO: EL PROCESO DE DIÁLOGO IMAGO

El diálogo es una manera estructurada de hablar que crea una conexión de empatía entre usted y su pareja. Ahora es su turno de utilizar esta manera revolucionaria de relacionarse con el otro. Mientras más practique el diálogo, más natural le parecerá. Así que no se sorprenda si de repente se porta como espejo, valida y muestra empatía con su pareja a lo largo del día conforme comparten retos y triunfos el uno con el otro. Y definitivamente úselo durante momentos sin programar en los que surjan frustraciones o algo que celebrar vinculado con su relación.

Primero:

1. Elija quién será el receptor y quien será el emisor.
2. Elija un tema. Sugerimos que empiece con algo positivo, como mostrar aprecio por su pareja o compartir algo respecto a su día de trabajo.
3. Para empezar, el emisor le pide una cita al receptor al decir: "¿Tienes tiempo para un diálogo Imago?"
   Y entren a **www.MakingMarriageSimple.com** *para obtener ejemplos en video y otras herramientas.*

Paso uno: ser como un espejo

El emisor expresa su mensaje, tomando en cuenta la responsabilidad del emisor. El receptor SÓLO refleja lo que el emisor dijo con el siguiente lenguaje: "Déjame ver si entendí. Tú (*decir aquí exactamente lo que su pareja dijo*). ¿Entendí bien?"

Una vez que el emisor confirma que el receptor entendió, el receptor pregunta: "¿Hay algo más?"

El receptor sigue comportándose como espejo hasta que el emisor se sienta plenamente escuchado.

Paso dos: validar

El receptor valida el punto de vista del emisor con simplemente reconocer: "Lo que dices tiene sentido." Y recuerde, la meta no es estar de acuerdo.

Paso tres: mostrar empatía

Como receptor, trate de entender los sentimientos detrás del asunto que el emisor haya compartido. Recuerde, hay cuatro sentimientos principales: enojado, triste, alegre y asustado.

Así que para mostrar empatía, el receptor dice algo como "dado que (*indique una vez más lo que dijo su pareja en cuanto al tema*), me imagino que puedes estarte sintiendo (*usar una o dos palabras que pudieran describir el estado emocional de su pareja*)."

Luego, para corroborar, pregunte: "¿Es eso lo que estás sintiendo?"

Si el emisor dice, "No, en realidad me estoy sintiendo X", entonces el receptor refleja como espejo lo que el emisor haya dicho.

Una vez que el emisor indique que el receptor entendió cómo se siente, pueden cambiar los papeles. El emisor se vuelve el receptor y el receptor el emisor.

¡La clave para el diálogo es practicar, practicar y practicar!

Luego:

Siga practicando el diálogo. Le recomendamos dedicar tiempo a hacer diálogos completos, y *también* puede practicar en momentos cualquiera que se den durante el día. ¡Ayuda a entrenar al cerebro! Por ejemplo:

- "Si te escuché correctamente, me dijiste que te pasara la sal. ¿Te entendí bien?" (Ser como un espejo.)
- "¿Hay algo más que quieras decir acerca de eso?"
- "Entonces acabas de decir que prefieres que yo no haga un tiradero justo después de que te esforzaste tanto en limpiar la cocina. Lo que dices tiene sentido." (Validar.)
- "¡Guau!, ¿tu jefe te dijo eso? Me imagino que te sentiste muy contenta y orgullosa. ¿Entendí correctamente?" (Mostrar empatía.)

Cada interacción es una oportunidad para traer un diálogo a sus vidas. ¡Diviértanse con esto!

Y recuerde:

Durante el diálogo, lograr que ambos estén de acuerdo en algo no es la meta. La meta es turnarse y realmente escuchar el uno al otro.

Verdad número 6: la negatividad es abuso invisible

EJERCICIO: RITUALES DE AGRADECIMIENTO

La negatividad es tóxica para su relación. Definimos la negatividad como cualquier grupo de palabras, tono de voz, expresiones faciales o comportamiento que su pareja opine que es negativo. No puede haber crecimiento alguno en una relación llena de negatividad. Así que si quiere crecer y su pareja crezca, necesitan desintoxicar su relación y quitarle toda la negatividad.

Hay dos cosas primordiales que nos ayudaron a nosotros y también a miles de otras parejas para acabar con toda la negatividad. Primero, deje de juzgar y empiece a mostrar curiosidad. Esto puede ser tan sencillo como mirar a su pareja como si apenas se estuvieran conociendo (y para hacerlo divertido, incluso pueden llegar por separado a un bar y presentarse como si nunca se hubieran conocido).

En segunda, compartan lo que cada uno le agradece al otro. Como recordará, cuando empezamos a hacer esto, era mucho más fácil que nos quejáramos de lo que no nos gustaba. Así que nuestros agradecimientos salían con dificultad. El ritual de agradecimiento fue un componente tan crucial para nuestro cambio en la relación, que creamos este ejercicio para facilitárselo. Con él, podrá identificar lo que realmente valora de su pareja.

¡Ahora es momento de enfocarse en lo bueno para que su relación se vuelva magnífica!

Primero:

Haga una lista de las características físicas de su pareja, de personalidad, comportamientos y afirmaciones globales (por ejemplo, que es magnífica, cariñosa, fantástica) que usted agradece, ama, admira y valora. ("¡Te lo agradezco!", en las páginas 190-191 se ofrece una tabla y algunos ejemplos.)

Luego:

Al terminar cada día, antes de dormir, compartan tres cosas que cada uno aprecia del otro. Y comprométanse a hacer este ritual de agradecimiento durante el resto de su programa de ejercicios —ya sea que esté realizando uno de los programas de muestra que ofrecemos al final, o algún programa que usted mismo desarrolle— durante los días en que no tengan que hacer algún otro ejercicio.

Recuerde, *no se vale repetir.* Puede empezar con los agradecimientos de su lista. Pero también póngale atención a su pareja todos los días desde el punto de vista de lo que usted aprecia de ella. La intención de este ejercicio es transportar su atención de lo que no le gusta hacia lo que sí le agrada. Conforme cambie su enfoque, los dos verán más y más cosas que les gustan, cada uno estará inspirado en hacer más por su relación.

Una vez que haya completado su programa de ejercicios, puede seguir brindando agradecimiento. ¿Por qué no? Se siente maravilloso, ¿o no?

<u>Y recuerde:</u>

La energía va hacia dónde está la atención.

Mientras más se enfoque en lo bueno, habrá más cosas buenas en que enfocarse.

¡TE APRECIO!

Mi nombre: _____

Me encanta tu… /Me encanta cómo…

Características físicas:	Características de personalidad:	Comportamientos:	Afirmaciones globales:
Ojos azules	Gracioso	Le lees cuentos a Amanda todas las noches	¡Eres increíble!
Las pecas de tu cara	Muestras compasión	Me haces café cada mañana	¡No puedo creer lo afortunado que soy de estar casado contigo!

¡TE APRECIO!

Mi nombre: _____

Me encanta tu… /Me encanta cómo…

Características físicas:	Características de personalidad:	Comportamientos:	Afirmaciones globales:
Ojos azules	Gracioso	Le lees cuentos a Amanda todas las noches	¡Eres increíble!
Las pecas de tu cara	Muestras compasión	Me haces café cada mañana	¡No puedo creer lo afortunado que soy de estar casado contigo!

EJERCICIO: LA PETICIÓN DE CAMBIO DE COMPORTAMIENTO

La petición de cambio de comportamiento (PCC) es la clave para convertir en crecimiento las frustraciones con su pareja. Recuerde, las frustraciones en realidad son deseos ocultos. Son una máscara que oculta lo que usted realmente desea y no está obteniendo de parte de su pareja.

Este ejercicio le enseña a compartir las frustraciones/deseos con su pareja de maneras en que a ella le resulte fácil escucharlas. La PCC también le da un formato que puede usar para hacerle solicitudes a su pareja, a través de cumplir y recibir estas peticiones que usted y su pareja hacen.

Primero:

1. Seleccione alguna frustración que haya experimentado con su pareja (si de momento no se le ocurre ninguna, revise la lista que hizo durante el ejercicio número 1, "De antes y ahora". Empiece con la colina pequeña, NO con la montaña, lo que usted quiere es que los dos tengan éxito).
2. Use los pasos detallados que se explican a continuación para hacer la PCC.

    Y vaya a **www.MakingMarriageSimple.com** *para ver ejemplos en video y otras herramientas.*

Paso uno: haga una cita

El emisor pide una cita.

Emisor: *Me encantaría hablar contigo acerca de una petición que tengo. ¿Ahorita tendrías tiempo?*

Paso dos: describa brevemente su frustración

Se debe tener en cuenta la responsabilidad del emisor. El emisor brevemente describe su frustración en una sola frase (cuando mucho, dos). Un ejemplo de una frustración expresada con claridad podría ser ésta (aunque usted obviamente vaya a usar la suya):

Emisor: *Me siento frustrado cuando llegas a casa más tarde de lo que habías dicho.*

El receptor entonces se comporta como un espejo y repite exactamente lo que dijo el emisor:

Receptor: *Déjame ver si entendí.* (Repita la frustración que su pareja le acaba de compartir, palabra por palabra. Si se considera el ejemplo anterior, habría que decir "Te sientes frustrado cuando llego a casa más tarde de lo que dije.") *¿Entendí bien?*

Una vez que el emisor confirma que el receptor entendió, el receptor pregunta: "¿Hay algo más?" Recuerde, no debe inundar a su pareja. Un ejemplo podría ser:

Emisor: *Cuando no llegas a tiempo, me preocupo por ti.*

El receptor entonces reporta como espejo esta nueva declaración, y una vez que el emisor confirma que el receptor entendió, el receptor valida al emisor y muestra empatía por él.

Receptor: *Tiene sentido que te frustres y te preocupes cuando llego a casa después de la hora que dije* (validar). *Y puedo imaginarme que esto te hace sentir triste y enojado* (mostrar empatía).

Paso tres: la solicitud inteligente

Una vez que el receptor se porta como espejo, valida y muestra empatía por el emisor, y el emisor se siente entendido y aceptado, el receptor solicita que se le hagan peticiones. Y el emisor con claridad nombra tres cosas específicas que podrían ayudar.

> **Receptor:** *¿Cómo te puedo ayudar con eso? Dame tres opciones.*

> **Emisor:** *¡Gracias por preguntar! He aquí tres cosas que podrían ayudar con el problema:*

1. Me podrías dar un masaje de espalda (¡o hacer algo un poco más atrevido!) una noche por semana durante el siguiente mes.

2 Me podrías llevar el desayuno a la cama un sábado o domingo de cada mes, durante los siguientes dos meses.

3 Podrías hacer la compra en el supermercado una vez por semana durante un mes.

> *Nota: aunque cuatro masajes de espalda, dos desayunos en la cama o cuatro viajes al supermercado pueden parecer desproporcionados en relación con la frustración, tenemos un motivo. Nuestro cerebro está acostumbrado a seguir pensando en lo negativo. De modo que se requiere repetir lo positivo para contrarrestarlo. Quizá no parezca lógico, pero así es como funciona nuestro cerebro. Combatir lo negativo con una dosis sólida de lo positivo es una manera de entrenar a su cerebro (encuentre más sobre este tema en* Verdad *número 8: su cerebro tiene su propia mente).*

Luego:

Siga utilizando la PCC. Por turnos, actúen como el emisor y el receptor. Empiece con frustraciones pequeñas (recuerde: ¡colina, no montaña!). Conforme los dos se vayan sintiendo más cómodos con el proceso, pueden ir hablando de frustraciones más grandes. Sin embargo, siempre es bueno alternar noches en vez de que cada uno tome su turno inmediatamente después del otro la misma noche. De hecho, a menos que usted y su pareja estén haciendo el programa de ejercicios como si fuera un retiro de fin de semana o de toda la semana (vea la página 192), sugerimos que un integrante de la pareja sea el emisor durante una semana entera, y el otro integrante sea el emisor la siguiente semana. Hacer esto permite que cada integrante en realidad experimente la sensación de que su pareja ha escuchado sus frustraciones.

Y como receptor, es buena idea pegar la petición con la que usted estuvo de acuerdo en algún lugar de la pared que vea a diario. Luego, haga lo que prometió. Cuando el receptor haya cumplido la petición, ¡es tiempo de que ambos celebren!

Y recuerde:

Tomar pasos pequeños al hacer la petición de cambio de comportamiento les brinda poder a los dos. Y lo que usted querrá hacer con ese empoderamiento es seguir adelante, ¡hasta que sienta que todos los problemas en su relación se hayan resuelto!

Verdad número 8: su cerebro tiene su propia mente

EJERCICIO: ENTRENE SU CEREBRO

Quienes estudian el cerebro han demostrado que es posible entrenar sus vías neuronales para crear conexiones nuevas y más sanas. Para nuestros fines, dividimos el cerebro, que es tan complejo, en dos secciones: la parte baja del cerebro, o sea, la parte reactiva, el cocodrilo; y la parte superior del cerebro, aquella que responde y puede crear situaciones en las que todos ganan, el búho.

Este ejercicio le ayudará a fortalecer la parte superior de su cerebro, de manera que le sea más sencillo alinearse con el búho. ¡Duérmete, cocodrilo!

Primero:

1. Necesitará de diez a quince minutos para este ejercicio. Encuentre un lugar silencioso donde no lo vayan a molestar. Siéntese en una silla cómoda, cierre los ojos y durante cinco minutos (puede usar un cronómetro o programar la alarma de su teléfono), enfóquese en su respiración y cuente sus respiraciones. Si pierde la cuenta, vuelva a empezar. Continúe hasta que se acabe el tiempo.

2. Ahora traiga a su mente algo acerca de su pareja que le moleste. Téngalo firmemente en la mente mientras hace dos inhalaciones profundas. Suelte el aire de inmediato y piense en algo que adora de su pareja. Mantenga esto firmemente en su mente durante el tiempo que le tome respirar de manera profunda cinco veces. Repita esto a lo largo de cinco minutos.

3. Ahora, imagínese a su pareja. Piense en cómo era ella el día que se casaron. En algún momento en que estuvo de luto. Y/o en algún momento en que usted se sintió especialmente orgulloso de ella. Con esta imagen en su cerebro, diga en voz alta: "Mi pareja es un ser humano. Al igual que yo, hace su mejor esfuerzo, comete errores, siente dolor y quiere ser amada." Desde esta perspectiva, envíe pensamientos amorosos a su pareja.

Luego:

Continúe con este ejercicio durante el resto de su programa de ejercicios, agregándolo los días en los que ya esté compartiendo aprecio con su pareja. La meta es practicar esto hasta llegar al punto en que pueda alcanzar ese estado de meditación con facilidad. Esto hará que mantenerse conectado con el búho sea sencillo cuando usted escuche las frustraciones de su pareja.

Y recuerde:

Usted tiene el poder de reprogramar su cerebro. De hecho, construir un matrimonio de sociedad cambia su química cerebral, al crear nuevos caminos neuronales que apoyan el trabajo que usted está realizando.

Verdad número 9: su matrimonio es motivo de risa

EJERCICIO: ¡ATRAIGA LA ALEGRÍA!

Nuestro núcleo es la felicidad. Es nuestra naturaleza esencial. Experimentamos esta felicidad cuando estamos conectados pacíficamente con nuestra pareja. La seriedad mata la alegría. Una manera en que la seriedad se cuela en una relación es mediante comportamientos que ponen la relación en peligro. Éstos incluyen: dar por hecho que nuestra pareja sabe lo que queremos sin decírselo; esperar y exigir que nuestra pareja cumpla nuestras necesidades sin decirle cuáles son esas necesidades; o dar por hecho que sabemos lo que nuestra pareja desea sin jamás preguntarle.

En la Verdad número 9 le ofrecimos diferentes maneras de volver más alegre su relación. Pero la mejor manera de poner un alto a los comportamientos que ponen en riesgo la relación es compartir comportamientos afectuosos. Aquí le explicamos cómo.

Primero:

1. Anote todos los comportamientos que le parezcan más afectuosos (vea "Comportamientos afectuosos" en las páginas 200-201). Éstos son los deseos secretos que usted esperaba que su pareja adivinara sin necesidad de que usted los dijera. Esta lista también puede incluir las cosas que su pareja ya hace (si refuerza lo bueno, ¡querrá seguirlo haciendo!).

2. Pegue las listas donde las vea a diario (por ejemplo, junto al espejo del baño o en la puerta del refrigerador).

    Y entre a **www.MakingMarriageSimple.com** *para obtener ejemplos en video y otras herramientas.*

Luego:

Algunos de los comportamientos que cada uno de los dos pida le van a parecer fáciles de realizar al otro. Algunos, probablemente no. Elijan los que parezcan sencillos o que incluso les emocione realizar, *y háganlos.* Cada par de meses, usted y su pareja deben dedicar treinta minutos a agregarle más cosas a su lista escrita. Pueden practicar el diálogo al compartirlas.

Y recuerde:

Su pareja anhela ser su héroe o heroína. Con frecuencia basta cobrar conciencia ("¡Oh, esto es lo que a ti te parece afectuoso!") para hacer el cambio.

COMPORTAMIENTOS AFECTUOSOS

Mi nombre: _____

Me siento/sentía amado y querido cuando tú...

_____

_____

_____

_____

_____

_____

_____

_____

_____

_____

_____

_____

_____

_____

_____

_____

_____

_____

_____

_____

_____

COMPORTAMIENTOS AFECTUOSOS

Mi nombre: _____

Me siento/sentía amado y querido cuando tú...

_____

_____

_____

_____

_____

_____

_____

_____

_____

_____

_____

_____

_____

_____

_____

_____

_____

_____

_____

_____

_____

_____

_____

*Verdad número 10: su matrimonio es el mejor
seguro de vida*

EJERCICIO: ES TIEMPO DE VOLVER A HACER UN COMPROMISO

Es momento de celebrar las cosas maravillosas y emocionantes que se ha comprometido a crear en su relación. Y ahora que ya ha aprendido acerca de las "ventajas del matrimonio" en la Verdad número 10, si usted todavía no se ha casado, ¡quizá sea momento de dar el salto!

Volver a expresar su compromiso puede incluir una fiesta grande como la nuestra. O simplemente pueden estar los dos en un lugar especial para volver a intercambiar promesas o crear algunas nuevas. Pueden hacerlo en el lugar donde se conocieron o en el primer lugar al que viajaron juntos, o en algún sitio que siempre hayan deseado visitar. Incluso puede ser en el sagrado espacio de su propio hogar.

El punto es que hay que detenerse y reconocer oficialmente la travesía que han realizado y con la cual seguirán adelante juntos. Volverán a comprometerse el uno con el otro desde la nueva perspectiva que han cultivado mediante este trabajo compartido.

Primero:

1.　Anote las promesas que quiera hacerle a su pareja el día de hoy (vea "Mis promesas para nuestra relación" en las páginas 205-206.) Mientras reflexiona sobre lo que desea escribir, piense en el trayecto que recorrió para crear amor verdadero. Ahora que está libre de la fuerza del amor romántico y se ha eliminado la lucha de poder, ¿qué le puede prometer a su pareja?

2. Una vez que ambos hayan terminado sus declaraciones por escrito, compartan sus promesas uno con otro. Pueden hacerlo inmediatamente tras escribirlas, mientras están sentados en la cama con pantalones deportivos. O pueden esperar a compartirlas durante una ceremonia de nuevo compromiso ante su familia y sus amigos (¡o hacer ambas cosas!).

3. Planee una forma de celebrar que han vuelto a hacer un compromiso uno con otro, y de festejar el proceso de crear amor real. Hay muchas maneras en que ustedes pueden hacer esto:

    • Realicen una ceremonia para expresar su compromiso de nuevo.

    • Olvídense de las ceremonias y sólo hagan una gran fiesta.

    • Tómense un fin de semana romántico o incluso una semana, que sea como una segunda luna de miel. Y compartan las promesas que se hagan uno a otro en medio de un huerto de manzanos o en la playa.

    • Hagan algo completamente inesperado, o incluso que no vaya con su personalidad, como saltar en paracaídas o tomar un paseo en globo aerostático. Que sea algo que quizá ambos hayan deseado, pero que nunca consideraron prioridad. Esto podría incluir rentar motocicletas Harley-Davidson y acudir a un *rally*, tomar un viaje a un lugar exótico, descender al Gran Cañón (y de regreso) o irse de campamento durante una semana.

Luego:

¡Cumpla sus promesas, usándolas como inspiración para seguir creando la relación de sus sueños!

<u>*Y recuerde:*</u>

¡Realice el cambio que quisiera ver!

MIS PROMESAS PARA NUESTRA RELACIÓN

Mi nombre: _____

La fecha de hoy _____ Mis promesas para _____

_____

_____

_____

_____

_____

_____

_____

_____

_____

_____

_____

_____

_____

_____

_____

_____

_____

_____

_____

_____

_____

_____

MIS PROMESAS PARA NUESTRA RELACIÓN

Mi nombre: _____

La fecha de hoy _____ Mis promesas para _____

_____

_____

_____

_____

_____

_____

_____

_____

_____

_____

_____

_____

_____

_____

_____

_____

_____

_____

_____

_____

Notas

Verdad número 9: su matrimonio es motivo de risa

1. Elizabeth Kowal, "La oxitocina, la hormona del amor, tiene beneficios para la salud para ambos géneros", en *Health & Fitness*, 24 de octubre de 2009, http://www.examiner.com/article/oxytocin-the-love-hormone-has-health-benefits-for-both-genders.

Verdad número 10: su matrimonio es el mejor seguro de vida

1. Coalición de California para los Matrimonios Saludables, "Matrimonios saludables, sociedad saludable. Investigación sobre la alineación de resultados maritales, educación sobre el matrimonio y preocupaciones sociales clave", 2009, p. 17: http://www.camarriage.com/content/resources/1f250f81-d24d-4937-9cel-595464e2bc8.pdf.

2. Instituto para los Valores Americanos, "¿Por qué es importante el matrimonio? Tercera edición. Treinta conclusiones de las ciencias sociales", reporte realizado por un equipo de académicos especializados en el tema de la familia, presidido por W. Bradford Wilcox de la Universidad de Virginia, 2001, p. 19.

3. Tara Parker-Pope, "¿El matrimonio es bueno para la salud?", en *Revista del New York Times*, 12 de abril de 2010: http://www.nytimes.com/2010/04/18/magazine/18marriage-t.html?_r=1&src=me&ref=general.

4. Daniel J. Siegel, "Rumbo a una neurobiología interpersonal de la mente en desarrollo. Relaciones de apego, 'la vista de la mente' y 'la integración neuronal'", en *Infant Mental Health Journal*, vol. 22, núms. 1-2, 2001, pp. 67-94. Asociación de Michigan para la Salud Mental Infantil, p. 86.

5. Linda J. Waite y Maggie Galagher, *En defensa del matrimonio*, Nueva York, Broadway Books, 2000, pp. 124-140; Wendy Manning y K. A. Lamb, "Bienestar de los adolescentes en familias donde hay cohabitación, matrimonio o padres solteros", *Journal of Marriage and the Family*, vol. 55, núm. 4, 2003, pp. 876-893.

6. Coalición de California para los Matrimonios Saludables, "Matrimonios sanos, niños sanos. Investigación sobre el alineamiento de los resultados maritales, el desarrollo psicosocial infantil y la educación sobre matrimonio", 2009: http://camarriage.com/content/resources/3a77fa16-7f58-493c-8cad-d1f373e50b7c.pdf 16-17; Linda J. Waite y Maggie Gallaagher, *En defensa del matrimonio*, p. 124.

7. Liz Weston, "Mire la realidad. El matrimonio es un negocio", *MSN Money*, 1 de abril de 2011: http://money.msn.com/family-money/get-real-marriage-is-a-business-weston.aspx.

8. Joseph Lupton y James P. Smith, "Matrimonio, activos y ahorros", *Programa de trabajo y población*, serie Woeking Papel, 99-12, noviembre de 1999, pp. 16-17.

9. Waite y Gallagher, *En defensa del matrimonio*, pp. 78-83.

10. Parker-Pope, "¿El matrimonio es bueno para la salud?".

Epílogo

1. Leah Hoffman, "En la riqueza y la pobreza", *Forbes*, 7 de octubre de 2006: http://www.forbes.com/2006/11/07/divorce -costs-legal-biz-cxlh1107le-galdivorce.html.

2. Benjamin Scafidi, investigador principal, "Los costos que repercuten en quien paga impuestos provocados por divorcio y el nacimiento de hijos fuera del matrimonio. Primeros cálculos respecto a la nación y sus cincuenta estados", Instituto para los Valores Americanos, 2008, p. 20 (disponible en www.americanvalues.org).

3. Consejo de Carolina del Norte para Políticas sobre la Familia, "Estudio trascendente calcula los costos de la fragmentación familiar", 16 de abril de 2008: http://ncfamily.org/stories/080416s1.html.

Acerca de los autores y la terapia Imago para las relaciones

Harville fue pastor bautista y profesor universitario. Cuenta con más de cuarenta años de experiencia como consejero clínico y pastoral, terapeuta, educador, entrenador clínico y orador sobre matrimonio y terapia de las relaciones. Helen inició su carrera como profesora de preparatoria en una región de bajos recursos de Dallas, lo cual la inspiró a interesarse por promover un mundo más igualitario y sano. Ha cofundado varios movimientos y organizaciones que fomentan la equidad de las mujeres y niñas. Conoció a Harville, quien deseaba escribir acerca de un nuevo tipo de matrimonio, un matrimonio donde ambos integrantes fueran iguales. Salieron y, al paso del tiempo, Helen le propuso matrimonio. Harville aceptó de buena gana. Y su matrimonio se convirtió en una incubadora para la terapia Imago de las relaciones.

Harville es autor de varios libros que estuvieron en la lista de *bestsellers* del *New York Times, USA Today* y *Publishers Weekly*: *Getting the Love You Want: A Guide for Couples* y *Keeping the Love You Find: A Guide for Singles*. Él y Helen también han sido coautores de siete libros, incluyendo el éxito de ventas *Giving the Love That Heals: A Guide for Parents*. En total, sus libros han sido publicados en más de 32 idiomas con más de tres millones de ejemplares a nivel mundial.

Viven en Nueva York y tienen seis hijos y cinco nietos. ¡Y de verdad están felizmente casados!

La terapia Imago para las relaciones se gestó en las mentes y los corazones de Harville y Helen durante muchos años, y la crearon conjuntamente de manera oficial a principios de los años ochenta. La primera aparición de Harville en *The Oprah Winfrey Show*, en 1988, estuvo en la lista de los veinte momentos más influyentes de ese programa. Oprah dijo que la teoría Imago cambió la manera en que ella veía su propia relación y dio a entender que la teoría Imago estaba propiciando un nuevo tipo de matrimonio.

El concepto básico de Imago es que nuestra relación primaria con nuestra pareja puede ser —si existen las herramientas correctas— un espacio seguro y sagrado. Si nos esforzamos en crear esta clase de espacio, no sólo construimos la relación de nuestros sueños sino que además crecemos como individuos para convertirnos en versiones más amplias, saludables y satisfechas de nosotros mismos.

Para ayudar a las parejas a alcanzar la satisfacción, Helen y Harville cofundaron Imago Relationshios International, una organización sin fines de lucro, cuya misión es crear un nuevo modelo de matrimonio y transformar el mundo, una relación a la vez. En la actualidad, hay más de 60 mil parejas que anualmente reciben ayuda gracias a 2,200 terapeutas Imago que ejercen en 33 países. Además, hay aproximadamente cien educadores Imago, un nuevo grupo de personas que sin ser terapeutas sienten pasión por difundir la teoría Imago por el mundo entero. Y ese número a diario se incrementa.

Harville y Helen también proporcionan los conceptos de Imago a las parejas que acuden a los talleres que ellos y otros terapeutas Imago dirigen en todo el mundo.

¡Usted SÍ puede crear el matrimonio de sus sueños!
Estamos aquí para ayudar...

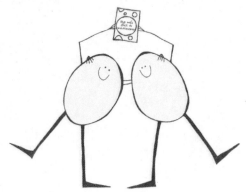

"¡Lo logramos!"

¡Usted no está solo! Quizá tenga la constante sensación de que su relación podría estar mejor. Quizá esté pasando por una transición laboral o esté a punto de experimentar la partida de sus hijos, y se pregunta cómo es que podrán seguir conectados, y además cómo podrán profundizar su conexión durante esta transición. O quizá estén en la parte más intensa de un conflicto. Cualquiera que sea la historia de su relación, puede tener un final feliz. Y si desea llevar su travesía más allá, ¡también ofrecemos una manera de lograrlo!

- **¡Inicie rápidamente su travesía** con un taller de fin de semana!
- Entre a nuestra biblioteca digital para encontrar material que puede **descargarse de manera gratuita.**
- **Conéctese con otros** que están utilizando las ideas y los ejercicios de este libro en nuestra **comunidad en línea.**
- Conozca los **próximos eventos de Harville & Helen.**
- **Encuentre terapeutas cerca de usted** y conéctese con uno de los 2,200 terapeutas Imago certificados que hay en el mundo entero.
- Conviértase en terapeuta Imago certificado y únase a una comunidad internacional.